NHK趣味の園芸 よくわかる栽培12か月

ユリ

肥土邦彦

目次

日本のユリ、世界のユリ

12か月の管理と作業

JBP-K. Kawabe

‘カサブランカ’

Column

JBP-S. Maruyama

カラフルなアジアティック・ハイブリッド

本書の使い方

本書は、ユリの栽培管理について、1月から12月まで月ごとに紹介したものです。月ごとの生育状況、主な作業、管理のポイントを、庭植え、鉢植えに分けて説明しています。毎月、そのページを開けば、作業と管理がわかるようにしました。そのため、一部、前月の作業や管理と重複していることもあります。

- **開花期について**　本書は関東地方以西を基準にして作業と管理を説明しています。地域によっては、生育サイクルや開花期がずれることがあります。
- **種名の表記について**　原種、品種の表記は、研究者によって異なる場合があります。
- **管理は植物に合わせて**　栽培場所の土壌や気候、環境により、生育状況は異なります。水やりや肥料の分量などは、あくまで目安です。植物の状態に合わせて加減してください。

日本のユリ
世界のユリ

ユリは野生のままで美しいものがたくさんあります。
観賞するばかりでなく、園芸品種のもとになった野生種の
自生地を知ることは、栽培にとても役立ちます。

初夏の高原を彩るオトメユリ（福島県）　*ARS*

ユリに親しむ

美しい日本のユリ　ユリはユリ科（Liliaceae）ユリ属（*Lilium*）の球根植物で、北半球の亜熱帯から亜寒帯にかけて96種が自生しています。日本にはこのうちの15種が分布しており、その半数は日本の特産種です。日本産のユリは、野生のままでも非常に美しく、特に観賞価値が高いものが多いことで知られています。

例えば、伊豆七島に自生している、白に黄色の条のあるサクユリは、単子葉植物としては最大の花を咲かせます。また、鹿児島県の請島に自生していたウケユリは純白で、馥郁とした香りのあるたいへんに美しい形の花を咲かせます。

これらの日本のユリがヨーロッパに渡り、改良され、幾多の園芸品種がつくり出されてきました。今世界中で楽しまれているユリの多くには、日本に自生するユリの血が脈々と流れているのです。

さまざまな形で利用したきたユリ　わたしたちは、古くから身近にあったユリとごく自然に親しんできました。

『古事記』や『万葉集』にも記述されており、早くからユリを観賞していた様子がうかがわれます。また、日本人はオニユリ、コオニユリ、ヤマユリ、ササユリなどの球根を食用としてきました。飢饉のときの救荒植物としても扱われてきたものと思われます。

野山にあるユリは、暮らしの一部であったともいえるでしょう。

　庭植えのユリは、適地で栽培すれば、数年は植えっぱなしで咲かせることができます。存在感のあるユリを庭でダイナミックに楽しみたいものです。

　鉢花でも楽しめるし、切り花でもたくさん用いられています。結婚式などの祝いの場にも、また、喪の席にもユリは欠かせない花ですが、庭で育てたユリを、玄関や居間に飾るのもぜいたくな楽しみです。

　ユリは日本が誇る世界の花といっても過言ではありません。暮らしを豊かにする植物として、大事に育てていきたいものです。

花形による4つの分類　ところで、ユリの自生種は、花の形によって以下のように大きく4つに分類されます。なお、この分類は形態によるものであり、交配するときの親和性とは必ずしも一致しません。

◎テッポウユリ亜属　筒状の花を横向きに咲かせます。テッポウユリ、ササユリ、オトメユリ、ウケユリ、タモトユリ、ハカタユリ、タカサゴユリ、リーガル・リリー、マドンナ・リリーなど。多くはアジアを中心に分布しています。

◎ヤマユリ亜属　漏斗状の花を横向きに咲かせます。日本に自生するヤマユリ、サクユリ。

◎スカシユリ亜属　盃状の花を上向きに咲かせます。イワトユリ、エゾスカシユリ、ヒメユリなど。世界各地に分布しています。

◎カノコユリ亜属　下向きに咲いて、花弁が強く反り返ります。カノコユリ、クルマユリ、オニユリ、コオニユリ、スゲユリ、キカノコユリ、タケシマユリ、マルタゴン・リリーなど。世界に広く分布しています。

日本のユリ

日本のユリは、野生のままでも非常に美しく、
特に観賞価値が高いものが多いことで知られています。
以下が日本に自生する15種です。

Nature Production

テッポウユリ（鹿児島県）。海岸沿いの日当たりのよい場所に生育している

JBP-N. Kamibayashi

テッポウユリ（鉄砲百合）
Lilium longiflorum

英名：Easter lily，trumpet lily

沖縄、奄美諸島に自生しています。学名のロンギフロールムとは、「長い花」の意味です。和名の鉄砲という物騒な名前は、この花の形が古式ラッパ銃に似ていることからつけられました。開花期は、沖縄で3月から5月、東京で6月ごろです。純白で筒状の花を咲かせます。茎は直立し、草丈は60～80cmぐらいになります。

日本では江戸時代から栽培されていたようで『花壇綱目』（1681年）には琉球百合として紹介されています。ヨーロッパに導入され、開花したのは1840年といわれています。ヨーロッパに紹介されると一躍注目を浴び、マドンナ・リリーに代わってイースター・リリーあるいはチャーチ・リリーと呼ばれてキリスト教の行事などに広く使われるようになり、日本から大量の球根が輸出されました。当初は、山採りの球根が使われましたが、ほどなく輸出用の球根栽培も行われるようになりました。

JBP-N. Kamibayashi

K. Hido

ササとササユリの葉

ササユリ（笹百合）
L. japonicum

別名：サユリ（早百合、佐由理）

学名に、ヤポニクム「日本産の」とあるように、代表的な日本特産のユリです。和名のササユリは、葉がササの葉に似ていることからきています。本州中部以西、四国、九州の一部に自生しています。6月から7月上旬に淡桃色の直径10～14cmの短筒状の花を1本の茎に2～3輪、横からやや下向きに咲かせます。花色には濃淡があり、ほのかな香りがあります。草丈は約1m。非常に清楚なユリですが、栽培は難しく、球根は市販されていません。

オトメユリ（乙女百合）
L. rubellum

別名：ヒメサユリ（姫早百合）

JBP-N. Kamibayashi

学名のルベルムは「赤色の」の意味。日本特産のユリで、福島、山形、新潟県の高原地帯などに自生しています。近縁のササユリが北に分布域を広げていったときに、積雪地帯で独自の進化を遂げたものといわれています。ユリのなかでは最も早咲きで5月上旬から開花します。直径6～9cmの桃色で短筒状の花を横向きに咲かせます。雄しべは黄色で、花にはほのかな香りがあります。草丈は50～60cmと、かわいらしい花です。耐暑性はあまり強くありませんが、球根養成栽培が行われており、球根の入手が可能です。

JBP-N. Kamibayashi

ウケユリ（受百合、請百合）
L. alexandrae

鹿児島県奄美大島本島、請島《うけしま》などの限られた地域だけに自生していた幻のユリです。7月上旬ごろ、純白で、直径16cmぐらいの漏斗状の上品な花を横向きに咲かせます。強い芳香があります。草丈は50～60cmぐらい。耐寒性はあまり強くありません。「受百合」と書かれることがあり、花が上向きに咲くように思われがちですが、請島に産することから本来は、「請百合」とすべきもののようです。自生地では、絶滅したといわれていますが、埼玉県の鎌田慶三氏の努力で、実生繁殖によって復活しています。

ヨーロッパには1884年に初めて輸出されましたが、このときの球根は開花せず、1893年に開花したものが最初だといわれています。高い評価を受けましたが、栽培がやや難しいため、あまり普及していません。

タモトユリ（袂百合）
L. nobilissimum

鹿児島県吐噶喇《とから》列島の口之島だけに自生しています。断崖に生育しており、球根を採取するときに袂に入れて持ち帰ったことから、この名前があります。7月中・下旬に直径15cmほどの純白の漏斗状の花を上向きに咲かせます。強い芳香があります。

ウケユリが日本の本草書などにあまり記載がないのに対して、タモトユリは『花壇地錦抄』（1695年）をはじめとして多くの書物に取り上げられています。しかし、欧米に紹介されたのは第二次世界大戦後のことです。自生地では絶滅に瀕していますが、北海道の土屋淳二氏が実生によって復活させた幻のユリです。

JBP-K. Kawabe

ヤマユリ（宮城県）。半日陰の林の周縁に多く見られる

ARS

ヤマユリ（山百合）

L. auratum

JBP-K. Kawabe

英名：**gold-banded lily**

学名のアウラツムは「黄金色の」の意味。東北地方から関西地方に分布する日本特産のユリです。林縁や草地などに生育し、6月中旬から7月に直径20～26cmの大型な漏斗状の花を横向きに咲かせます。花色は白色で黄色の条と、赤褐色の斑点が入ります。1本の茎に数輪から10数輪の花を咲かせ、非常に強い香りをもちます。草丈は1～2mになります。ウイルス病に弱く、栽培はやや難しいユリです。

ヨーロッパにはシーボルトが1829年に球根を持ち帰りましたが、このときには開花しませんでした。ベイチェの送った球根がイギリスで1861年に開花したのが最初です。日本ではこのヤマユリと思われるものが『花壇綱目』では「さゆり」として、『花壇地錦抄』には「ささゆり」として紹介されているなど名前に混乱があります。

K. Hido

サクユリ（東京都利島）

JBP-M. Fukuda

サクユリ（作百合）
L. auratum var. *platyphyllum*
（＝*L. platyphyllum*）

別名：タメトモユリ（為朝百合）

伊豆七島の大島から青ヶ島に自生する日本特産のユリで、ヤマユリの変種とされます。和名のサクユリは、伊豆七島の地方名サツライネラから変化したものといわれています。また、別名のタメトモユリは、伊豆大島に流された鎮西八郎為朝にちなむものといわれます。7月に直径30cmにもなる大型の漏斗状の花を横向きに咲かせます。野生の単子葉植物としては最大の花です。花色は白色で黄条が入り、斑点は目立ちません。強い芳香があります。草丈は1.5～2mぐらいです。

利《と》島《しま》、御《み》蔵《くら》島《じま》以外では自生状態のものはほとんど見られなくなってしまいましたが、利島では実生から選別したものを‘シントシマ’として種苗登録して増殖、球根を販売しています。

イワトユリ（岩戸百合）
L. maculatum

JBP-N. Kamibayashi

別名：スカシユリ（透百合）

学名のマクラツムは、「斑点のある」の意味。本州の中・北部の沿岸に自生、海岸の岩場や砂地に生育しています。開花期が、日本海沿岸に自生するものは5月下旬から6月、太平洋沿岸のものは6月下旬から7月下旬と異なります。赤橙色に赤褐色の斑点のある直径13～14cmの盃状の花を上向きに咲かせます。草丈は50～60cmぐらいで、1本の茎に5～6輪の花をつけます。花弁の基部が細くなっており、透けてみえることから「透百合」と呼ばれます。東北の高原地帯に分布するものはミヤマスカシユリと呼ばれています。また、野生のものをイワトユリ、園芸品種をスカシユリと呼び分けることもあります。

日当たりを好む、栽培しやすいユリです。

エゾスカシユリ（北海道）。海岸沿いの岩場や砂地に自生する

ARS

エゾスカシユリ（蝦夷透百合）

L. dauricum

ARS

　サハリン、中国北部、シベリア、日本に自生しています。日本では北海道の沿岸の砂地に生育しています。開花期は、北海道では6月下旬から7月上旬ですが、東京では5月下旬と早生になります。橙色で紫褐色の斑点のある直径9～10cmの花を上向きに咲かせます。草丈は60～90cmぐらいで、1本の茎に3～4輪の花をつけます。蕾に細かい毛があるのも特徴です。イワトユリに近縁の種で、両者の交雑によって園芸品種のスカシユリがつくられました。

　『花壇地錦抄』にはエゾスカシユリとして紹介されるなど古くから栽培されていたようです。ヨーロッパには1830年に紹介されています。

JBP-M. Fukuda

ヒメユリ（姫百合）
L. concolor

英名：star lily

中国の中北部からアムール地方、朝鮮半島、日本に自生し、日本では本州、四国、九州に分布しています。名前のとおりのかわいらしい花です。直径4.5～7cmぐらいの、星形で朱橙色の花を上向きに咲かせます。自生している地域によって多くの変異があり、花色も赤色、黄色などのものや、花弁の内側に黒色の斑点の入るもの、ないものなどさまざまです。草丈は50～100cm。東京周辺では6月に開花します。

K. Kawabe

カノコユリ（鹿ノ子百合）
L. speciosum

英名：showy lily

学名のスペキオースムは「美しい」の意味です。日本、中国、台湾に自生し、日本では九州、四国に分布しています。カノコユリという名前は、花弁の内側に鹿の子絞り状の紅色の斑点があることからきています。開花期は日本のユリのなかでは遅く、7月中旬から8月中旬です。桃色から濃紅色で、花弁の縁が白色になる覆輪の花を咲かせます。直径8～10cmの花弁が強く反転する球形の花です。草丈は50～150cmで、1球で10～20輪の花をつけます。病気にも強く、丈夫で育てやすいユリです。

『花壇綱目』や『花壇地錦抄』などにも記載があり、古くから広く栽培されていたことがうかがわれます。このユリをヨーロッパに持ち帰り、初めて開花させたのはシーボルトで、1832年のことです。明治になるとカノコユリの球根はテッポウユリとともに重要な輸出品目の一つになりました。

ARS

クルマユリ（車百合）
L. medeoloides

英名：**wheel lily**

中国中部からシベリア沿海州、日本に分布する寒地性のユリです。日本では中部以北の亜高山帯、東北、北海道では平地に自生しています。和名のクルマユリは、葉が輪状につくことにちなみます。7月上・中旬に直径4～5cmの朱赤色の花を下向きに咲かせます。においはあまりよくありません。草丈は70～100cmです。

（北海道）

JBP-M. Fukuda

オニユリ（鬼百合）
L. lancifolium

英名：tiger lily

中国中・北部からシベリア沿海州、日本全国に分布しています。日本に分布しているものは古く中国から食用として渡来したものが人為的に広まったものと考えられています。日本に分布しているオニユリは、染色体が3倍体であり種子はできません。その代わりに珠芽を多数つけ、繁殖しています。コオニユリ、オウゴンオニユリ、その他による雑種とも考えられています。対馬には2倍体のオニユリやオウゴンオニユリが分布しています。

7月下旬に黒褐色の斑点が入った橙赤色の直径10cmほどの花を下向きに多数咲かせます。草丈は80～180cmぐらいです。

非常に丈夫で育てやすいユリです。花を観賞するだけでなく、球根を食用にします。

JBP-N. Kamibayashi

コオニユリ（小鬼百合）

L. leichtlinii var. *maximowiczii*

別名：アカヒラトユリ
（赤平戸百合）

オニユリを小型で繊細な姿にしたようなユリです。日本と中国北部からシベリア沿海州に自生しています。日本では全国の平地から高地まで広く分布し、多くの変異があります。基本種とされるキヒラトユリ（黄平戸百合）*L. leichtlinii*の自生はまれで、本来はこちらが変種とされるべきものなのでしょう。

7月下旬から8月中旬に直径6～8cmの橙赤色の花を下向きに多数咲かせます。

観賞用というよりは球根を食用にするために栽培されることが多いようです。

JBP-M. Fukuda

スゲユリ（菅百合）

L. callosum

英名：**Siebold's lily**

日本の九州、沖縄から台湾、朝鮮半島、中国の中部から北部に自生しています。

7月下旬から8月下旬に朱赤色から黄色の直径3～4cmの小型の花を下向きに3～4輪咲かせます。

栽培されることは少ないようです。

※野生のユリは、自然状態での生育が一番です。山採りしても、順調には生育できません。栽培されたもの、園芸品種を栽培しましょう。

世界のユリ分布絵図

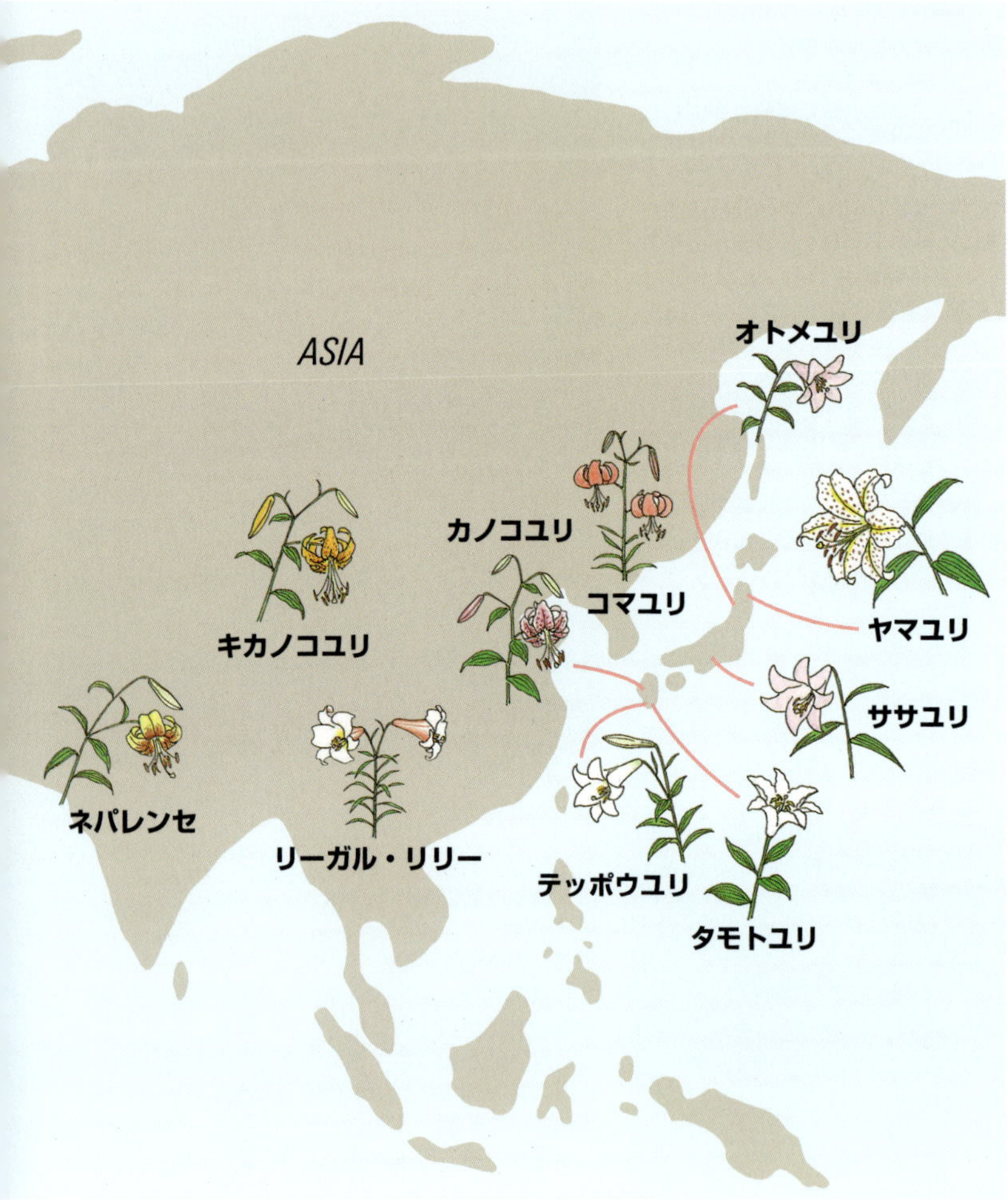
ASIA
オトメユリ
カノコユリ
コマユリ
キカノコユリ
ヤマユリ
ササユリ
ネパレンセ
リーガル・リリー
テッポウユリ
タモトユリ

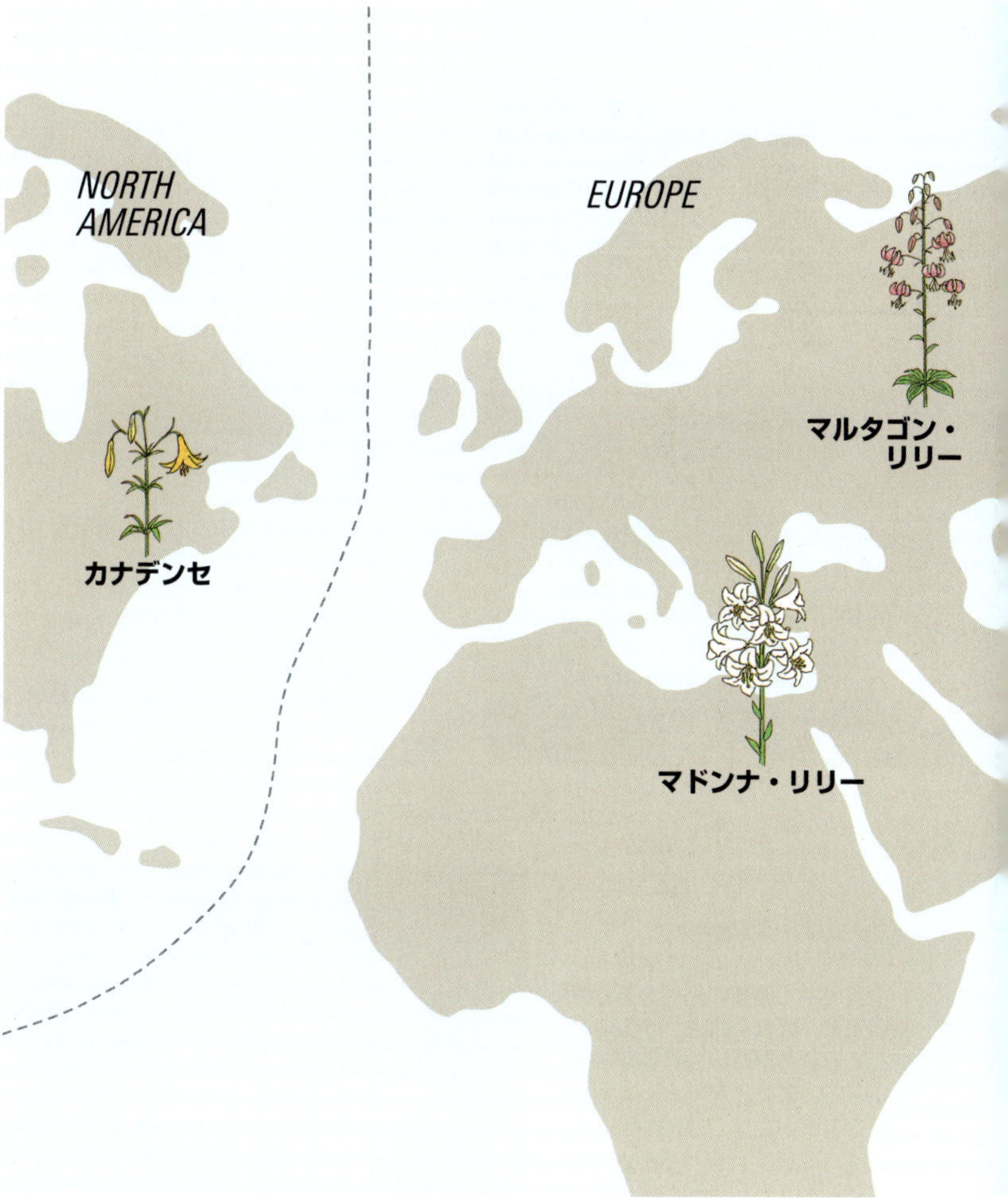
NORTH AMERICA
カナデンセ
EUROPE
マルタゴン・リリー
マドンナ・リリー

ALPINA

世界の主なユリ

世界の美しいユリ。
栽培されたり、現在の
園芸品種に関係している
主なものです。

マドンナ・リリー
L. candidum

別名：ニワシロユリ　英名：**Madonna lily**

ヨーロッパで古くから栽培されてきたユリです。原産地ははっきりとわかっていませんが、バルカン地方、パレスチナ地方と考えられています。

6月上・中旬に直径9～10cmの漏斗状の純白の花を5～6輪横向きに咲かせます。芳香があります。

キリスト教では処女マリアの象徴として儀式、祭日などの聖花に使われてきました。しかし、日本からテッポウユリが導入されるとその地位が取って代わられました。

秋から葉を展開するので、耐寒性はあまり強くありません。石灰質地帯に生育しており、日本のような高温多湿な場所での栽培は難しいといわれています。

ハカタユリ（博多百合）
L. brownii

中国の中・南部の高原地帯が原産地です。九州・博多に渡来したことからハカタユリの名前があるとされています。食用として栽培されてきましたが、観賞用としても栽培されます。6月下旬から7月上旬にテッポウユリのような筒状の花を横向きに咲かせます。咲き始めは黄色みを帯びていますが、次第に白色になります。草丈は60～80cmです。

ARS

JBP-M. Fukuda

リーガル・リリー
L.regale

別名：オウカンユリ（王冠百合）

中国四川省の800～1800mの高地に自生しています。6月中旬から7月中旬にテッポウユリに似た筒状の花を横向きに咲かせます。白色の花の内側の基部は黄色で、外側は紫褐色を帯びています。草丈は60～150cmです。このユリは、ウイルス病に対する抵抗性が強く、丈夫で栽培が容易です。

このユリと近縁のものを交雑して園芸品種トランペット・ハイブリッドがつくられています。

K. Kawabe

タカサゴユリ（高砂百合）
L. formosanum

別名：タイワンユリ（台湾百合）

台湾全土に分布しています。タネの繁殖力がおう盛で、日本の南部でも野生化しています。実生1年以内で開花します。

テッポウユリに似たやや細長い花を7月から10月に咲かせます。花弁の内側は純白ですが、外側は紫褐色を帯びます。草丈は1.5～2mぐらいです。

テッポウユリと交配し、タカサゴユリと同じように、タネから育てて1年以内にテッポウユリに似た純白の花を咲かせる新テッポウユリがつくられています。

カナダユリ（札幌市百合が原公園）

JBP-M. Fukuda

K. Hido

カナダユリ
L. canadense

英名：Canada lily

学名のカナデンセは、「カナダ産」の意味です。北アメリカの中・東部の山地に自生しています。6月下旬から7月上旬に花弁の先端がとがった橙赤色から黄色の釣り鐘形の花を下向きに咲かせます。草丈1～1.5mです。

JBP-M. Fukuda

コマユリ（高麗百合）
L. amabile

学名のアマビレは「愛らしい」の意味です。朝鮮半島から中国東北部にかけて分布しています。

5月下旬から6月上旬に光沢のある朱赤色の小型の花を下向きに咲かせます。草丈60～100cmです。
（写真はキバナコマユリ）

タケシマユリ
（武島百合、竹島百合、竹縞百合）
L. hansonii

韓国鬱陵島の武島に自生しているといわれます。5月下旬から6月上旬に橙黄色の小型の花を横から下向きに咲かせます。花には臭気があります。ウイルス病に対しても強く、丈夫で育てやすいユリです。日本には18世紀以前に入ってきたと考えられています。

JBP-M. Tsutsui

K. Hido

チョウセンクルマユリ
（朝鮮車百合）
L. distichum

朝鮮半島中・北部、中国北東部に自生しています。クルマユリに似た花を7月上旬から8月に咲かせます。

（中国吉林省）

JBP-M. Fukuda

キカノコユリ（黄鹿ノ子百合）

L. henryi

　キカノコユリと呼ばれていますが、日本のカノコユリの黄花種というわけではありません。中国中部が原産地で、石灰岩地帯に生育しています。橙黄色の直径6～9cmの花を下向きに7月中・下旬に咲かせます。ウイルス病などの病害に対してきわめて強く、丈夫で育てやすく、園芸品種の重要な交配親になっています。

JBP-M. Fukuda

マルタゴン・リリー

L. martagon

　ユリ属のなかで最も分布域が広く、ヨーロッパからシベリアに自生しています。直径5～6cmの小型の花を下向きに咲かせます。花色は、桃紫色で濃淡の変化があります。花には悪臭があります。花期は6月下旬。草丈は90～180cmです。

　ヨーロッパでは、マドンナ・リリーとともに古くから栽培されてきたといわれています。丈夫で栽培しやすく、庭植えされていることが多いのですが、日本ではあまり栽培されていません。

園芸品種

ユリの花は、野生のままでも美しいものが多いのですが、多くの園芸品種もつくられています。どのような原種が育成のもとになったかによって9つに分類されます（英国王立園芸協会による）。

①アジアティック・ハイブリッド
（Asiatic hybrids）

イワトユリ、エゾスカシユリ、ヒメユリ、オニユリ、コマユリなど、主としてアジア原産のカロチノイド色素をもつ橙色系の花を咲かせるユリを交雑してつくられた園芸品種群です。スカシユリと呼ばれることもあります。現在では橙色だけでなく、黄色や桃色、赤色、白色、複色などいろいろな花色の品種があります。草丈はあまり高くありません。ふつう花は上向きに咲き、香りはありません。丈夫で栽培しやすく、日本でも切り花、庭植え用などに広く栽培されています。日当たりを好みます。

②マルタゴン・ハイブリッド
（Martagon hybrids）

マルタゴン・リリー、タケシマユリなどの交雑によってつくられた園芸品種群です。花弁が反り返り、球状になる小型の花を咲かせます。日本ではあまり栽培されていません。

③マドンナ・リリー・ハイブリッド
（Candidum hybrids）

マドンナ・リリーと、マルタゴン・リリー以外のヨーロッパ原産のユリに由来する園芸品種群です。日本ではほとんど栽培されていません。

④アメリカン・ハイブリッド（American hybrids）

アメリカ原産のユリに由来する交雑種です。日本ではほとんど栽培されていません。

⑤ロンギフローラム・ハイブリッド（Longiflorum hybrids）

テッポウユリとタカサゴユリおよびその近縁種による交雑種です。多くは細長い筒状の花を横向きに咲かせ、芳香があります。日本では新テッポウユリが広く栽培されています。日当たりを好みます。

⑥トランペット・ハイブリッド（Trumpet hybrids）

中国原産のリーガル・リリーとその近縁の筒状の花を咲かせるユリ、およびキカノコユリなどの交雑によってつくられた園芸品種群です。リーガル・リリーに似たリリウム・サージェンティアエ（*L. sargentiae*）とキカノコユリの交雑種からつくられたオーレリアン・ハイブリッド（Aurelian hybrids）が代表的です。筒状か星形の花弁の反り返った花を咲かせます。丈夫で栽培しやすいので日本でも庭植えにされます。

⑦オリエンタル・ハイブリッド（Oriental hybrids）

ヤマユリ、ササユリ、カノコユリなどの、日本に自生しているユリを中心に交雑されてつくられた園芸品種群です。ジャパニーズ・ハイブリッドと呼ぶべきものかもしれません。強い芳香をもつ大輪の漏斗状の花や筒状の花を咲かせます。花色は白色、桃色、紅色などさまざまなものがあります。‘カサブランカ’など人気の高い品種が多く含まれています。半日陰の場所で栽培するとよいでしょう。

⑧その他の交雑品種群

以上のいずれにも含まれない園芸品種です。近年発表された、テッポウユリとアジアティック・ハイブリッドの交雑によるＬＡハイブリッド、テッポウユリとオリエンタル・ハイブリッドの交雑によるＬＯハイブリッド、オリエンタル・ハイブリッドとトランペット・ハイブリッドの交雑によるＯＴハイブリッドなどがあります。

⑨野生種の亜種や変種

アジアティック・ハイブリッド

‘コネチカットキング’

JBP-N. Kamibayashi

1982年発表の黄色で栽培しやすい代表的な切り花品種

‘モナ’

JBP-N. Kamibayashi

鮮やかな黄色の品種

‘ナボナ’

JBP-N. Kamibayashi

純白の品種

‘ファタモルガナ’

JBP-M. Fukuda

珍しい八重咲きの品種

‘エリート’

JBP-N. Kamibayashi

橙色の強健種

‘レモン・ピクシー’

JBP-A. Tokue

黄色の新花

‘ロリーポップ’

JBP-S. Maruyama

二色咲きの人気品種

‘ビバルディ’

JBP-K. Kawabe

ピンク色の人気品種

マルタゴン・ハイブリッド

K. Hido

ニュージーランドの庭で見かけたマルタゴン・ハイブリッド種

ロンギフローラム・ハイブリッド

K. Hido

新テッポウユリ
‘さきがけ大雪山’

タカサゴユリ×テッポウユリの交配によって作出された交雑種の栄養系品種

JBP-N. Kamibayashi

‘ひのもと’

福岡県で選抜された早生大輪のテッポウユリ

JBP

‘長太郎’

東京・巣鴨の花戸内山長太郎氏が選抜した葉に斑が入る珍しいユリ

トランペット・ハイブリッド

JBP-N. Kamibayashi

‘アフリカン・クイーン’

黄色の濃淡の花色で、
外側は茶褐色を帯びる

JBP-M. Fukuda

‘レディ・アリス’

白色に橙色のキカノコ
ユリタイプの花形

JBP-M. Fukuda

**‘ゴールデン・
スプレンダー’**

濃黄色で筒状の花形

‘オーレリアン・ホワイト’

JBP-K. Kawabe

純白で中心部は黄色を帯びる

‘天の川’

JBP-M. Fukuda

黄色で周囲は白色にぼける

‘カサブランカ’

JBP-M. Fukuda

ニュージーランドで庭植え用のユリとして育成され、オランダから切り花として発売された、純白大輪の人気品種

‘スターゲザー’

K. Kawabe

濃赤色の大輪種。切り花、庭植え用

‘ルレーブ’

JBP-N. Kamibayashi

淡桃色の中輪種。切り花、鉢植え用

'シンプロン'

JBP-H. Takayama

スーパーカサブランカとも呼ばれる

'マルコポーロ'

JBP-H. Takayama

淡桃色の人気品種

'スピノザ'

JBP-M. Fukuda

淡桃色の新花

'ソルボンヌ'

JBP-M. Fukuda

桃色の人気品種

'モナリザ'

JBP-S. Maruyama

K. Hido

鉢植え用の小型のユリ

JBP-H. Takayama

‘ローヤルトリニティー’
LAハイブリッド

JBP-H. Takayama

‘ベネト’
LAハイブリッド

JBP-N. Kamibayashi

‘ロートホルン’
1977年作出のLAハイブリッド

‘ローズウィンド’

SAKATA

LAハイブリッド

‘緑の妖精’

SAKATA

LAハイブリッド

‘マグリット’

TAKII

LAハイブリッド

‘サーモン・クラシック’

JBP-A. Tokue

LAハイブリッド

‘プリンスプロミス’

TAKII

LOハイブリッド

‘クラーク’

SANKYO

LOハイブリッド

12か月の管理と作業

一般の球根植物の栽培はそれほど難しいものではありませんが、
ユリ栽培にはコツがあります。それを知っておくと大違い。
ユリ栽培の基本と応用を解説します。

庭のシンボル、オリエンタル・ハイブリッド *JBP-M. Tsutsui*

●ユリ 1年間の栽培暦（関東地方以西基準）

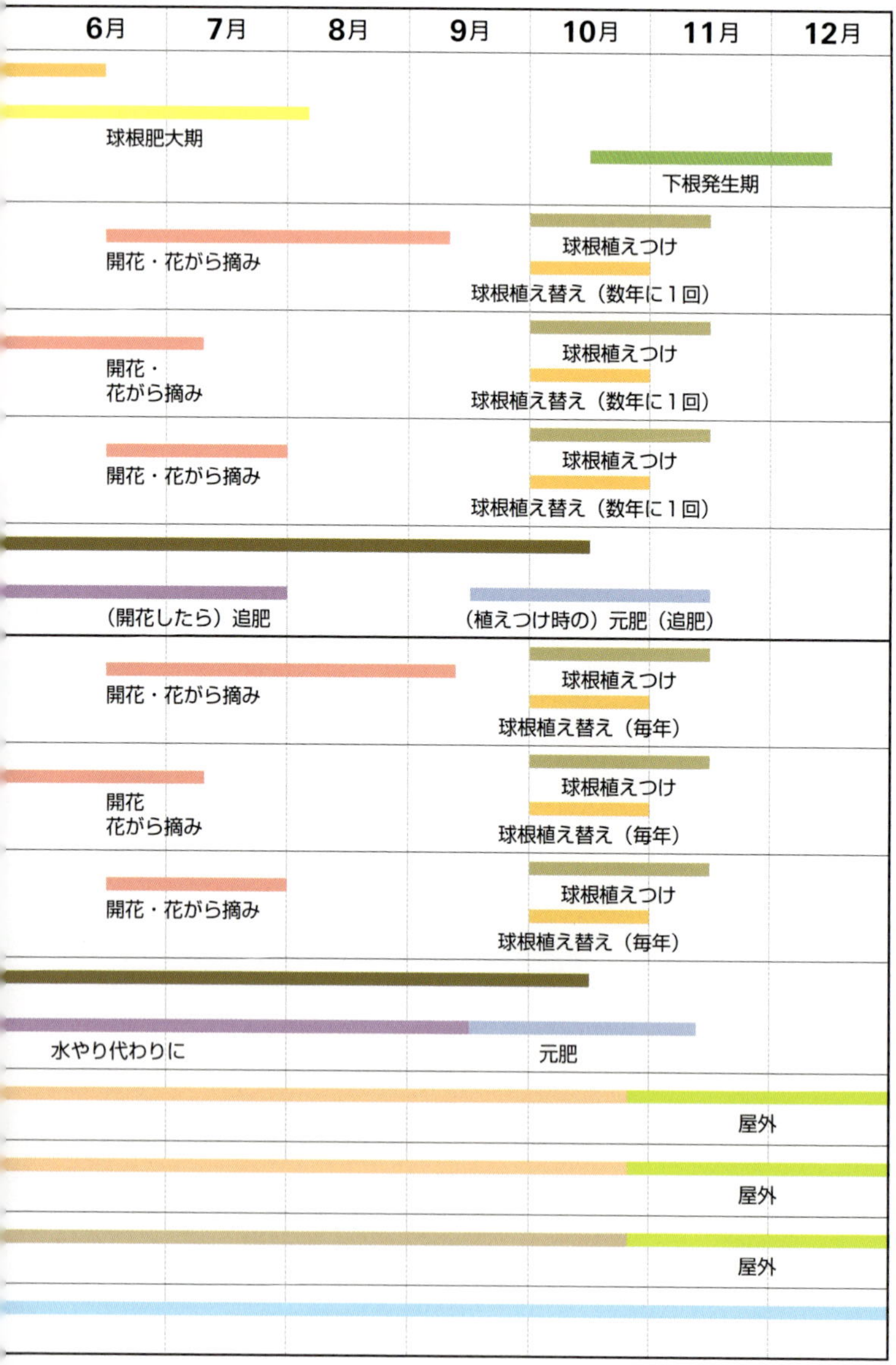
6月
7月
8月
9月
10月
11月
12月
球根肥大期
下根発生期
球根植えつけ
開花・花がら摘み
球根植え替え（数年に1回）
球根植えつけ
開花・
花がら摘み
球根植え替え（数年に1回）
球根植えつけ
開花・花がら摘み
球根植え替え（数年に1回）
（開花したら）追肥
（植えつけ時の）元肥（追肥）
球根植えつけ
開花・花がら摘み
球根植え替え（毎年）
球根植えつけ
開花
花がら摘み
球根植え替え（毎年）
球根植えつけ
開花・花がら摘み
球根植え替え（毎年）
水やり代わりに
元肥
屋外
屋外
屋外

			1月	2月	3月	4月	5月
生育状態					茎伸長期 上根発生期		
庭植え	球根の生育	ロンギフローラム・ハイブリッド			出芽		
		アジアティック・ハイブリッド			出芽		
		オリエンタル・ハイブリッド			出芽		
	病害虫の防除、肥料				病害虫の防除 （芽が出たら）追肥		
鉢植え	球根の生育	ロンギフローラム・ハイブリッド			出芽		
		アジアティック・ハイブリッド			出芽		
		オリエンタル・ハイブリッド			出芽		
	病害虫の防除、肥料				病害虫の防除 液体肥料を2週間に1回、		
	置き場	ロンギフローラム・ハイブリッド	屋外		風通しのよい日当たり		
		アジアティック・ハイブリッド	屋外		風通しのよい日当たり		
		オリエンタル・ハイブリッド	屋外		風通しのよい明るい日陰		
	水やり		鉢土の表面が乾いたら				

栽培を始める前に

JBP-M. Fukuda

ユリの基本は3の倍数（'ベルモンテ'）

●花の構造

花びらは3枚　ユリの花びらは何枚でしょうか。6枚のように見えますが、本当の花びら（花弁）は内側の3枚だけなのです。正式には「内花被」と呼ばれます。外側の3枚は萼の変化したもので正式には「外花被」と呼ばれます。この「花被」は、一般に花びらと呼ばれている花弁と萼の区別がつきにくいときに、これらを総称するものです。「花被片」ともいいます。蕾のとき外花被の縁は、内花被の外側の中央にある溝にはまり、ずれないようになっていて、花の内部を保護しています。

雄しべは6本、雌しべは1本です。雌しべの

JBP-K.Kawabe

K.Hido

受精して大きくなった子房（タモトユリ）

JBP-M. Fukuda

外花被の縁が内花被の溝にはまっている（‘ベルモンテ’）

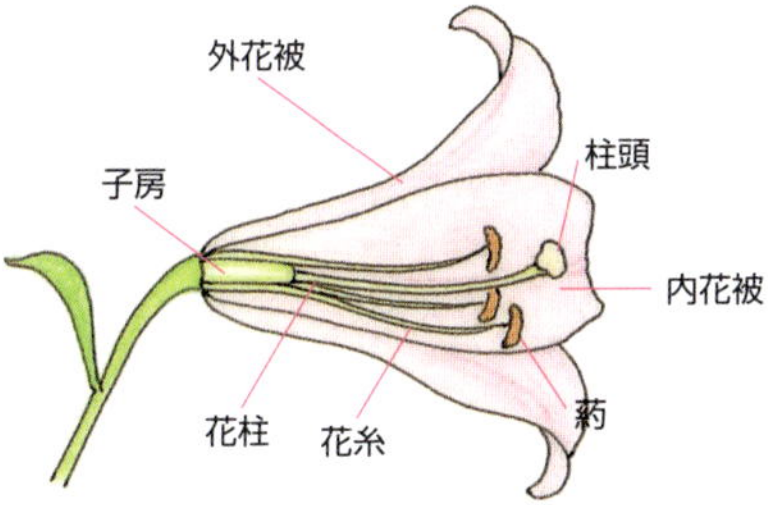

先端、柱頭は3つに分かれていて粘着性があり、花粉がつきやすくなっています。雌しべの奥の太くなっている部分は、種子のできる子房です。

T字形につく葯　雄しべの先端には葯がT字形につきます。このつき方によって近縁のクロユリなどのフリチラリア属と区別されます。葯から花粉が出て、雌しべの先端、柱頭につき、子房にまで伸びていくと受精が行われ、種子が結実するのです。花粉にも粘着性があり、花弁を汚してしまうことがあります。衣服などにつくと取れにくく、花屋さんでは花が咲くと葯ごと摘み取ってしまう場合が多いようです。

花が終わったあとは花弁だけでなく子房ごと取るようにします。そのままにしておくと種子ができて、養分が取られてしまうからです。

●球根と根

無皮鱗茎　ユリの球根は鱗茎《りんけい》と呼ばれるもので、葉が変化して養分をため込んだ鱗片《りんぺん》が集まったものです。

チューリップや球根アイリス、フリチラリアなどの球根も鱗茎ですが、チューリップや球根アイリスの球根の表面は、皮で覆われ保護されています。有皮鱗茎《ゆうひりんけい》といいます。一方、ユリやフリチラリアなどの球根は、表面が皮で保護されていません。無皮鱗茎《むひりんけい》といいます。この無皮鱗茎は、球根が保護されていないため乾燥や温度変化に弱いので、ユリの球根を植えつけるときには、深植えにして環境の影響を受けにくくします。

植物は、根を伸ばし、地上部に芽や葉を伸ばして花を咲かせます。チューリップなどの球根は、これらに必要とする養分は、球根に含まれており、花が終わるころには球根の養分は使いはた

JBP-K. Kawabe

2つに切ってみると鱗片が層状に重なっている

JBP-K. Kawabe

ユリの球根には皮がないので、おがくずなどに包まれて売られる

され干からびてしまいます。花後に新しい球根が形成され、毎年、球根が更新されるわけです。

ユリの球根は数年間生育を続ける　これに対して、ユリの球根は、鱗片に蓄えられた養分を外側から使って生育していきます。また、葉などで光合成された養分によって球根内部に次々に新しい鱗片が養成されていき、球根は肥大、生長していきます。年ごとに新しい球根を形成することのない非更新型の球根です。このためユリの球根は、条件のよい場所に植えられていれば、数年間植え替えをする必要はありません。数年して球根の芽がいくつかでき、分球したときに植え替えればよいのです。

下根と上根　ユリの球根から伸びる根には2つの種類があります。球根の下から出る「下根」と、球根から伸びた茎の途中から出る「上根」です。

下根は、球根をしっかりと固定して地上部が倒れるのを防ぐ働きがあり、球根とともに数年間生育するといわれています。上根は、水分や養分を吸収する働きがありますが、冬期に地上部の茎が枯れるとともに枯死してしまい、毎年更新されます。ユリを順調に生育させるためには、球根を深めに植えて、上根を十分に張らせる必要があります。

JBP

水分、養分を吸収する上根と、体を支える下根

●生活サイクル

花を咲かせるために冬の寒さが不可欠　ユリの生育パターンは、系統によって異なり、また、気象環境によっても影響を受けます。

秋に球根を植え込むと、ほどなく下根が伸び出します。下根の生育適温は、15℃ぐらいです。下根をしっかりと張って冬を迎えます。ユリには、冬の寒さにあうことが、その後の生育と開花に不可欠です。10℃以下で1か月半ほど、低温にあわせます。自然状態での栽培では、10月から1月ぐらいの間にこの条件が満たされ、以後は、気温が上がり、生育を始める春を待つ状態になります。

ユリが地上に芽を出し、順調に生育していくためには、18～20℃ぐらいの温度が適当です。花のもとになる花芽は、冬、一定の低温にあったあと、気温が上がって茎がある程度伸びたときにつくられます。

花芽は発達して、開花しますが、そのころ草丈の伸びは停止します。その代わり地下では葉でつくられた養分が球根に蓄積され、肥大、充実していきます。夏の高温が、地上部の生育を停止させ、球根を充実させる引き金になっているのです。この高温にも十分にあっていないと秋になってからの地下での球根の活動が始まりません。

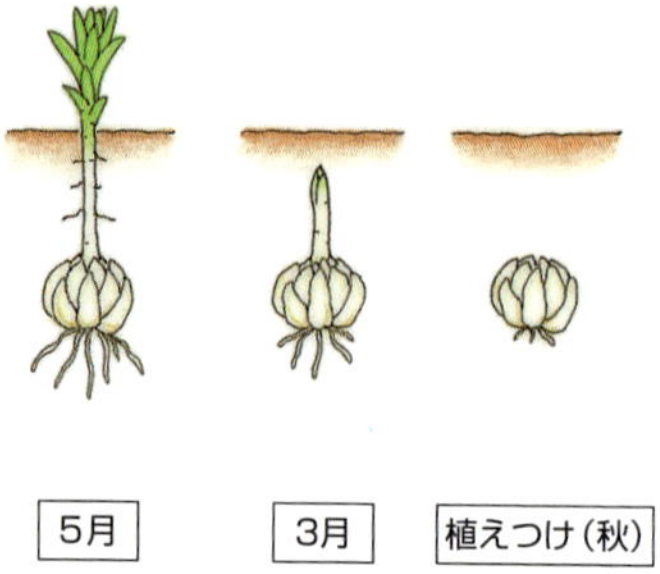

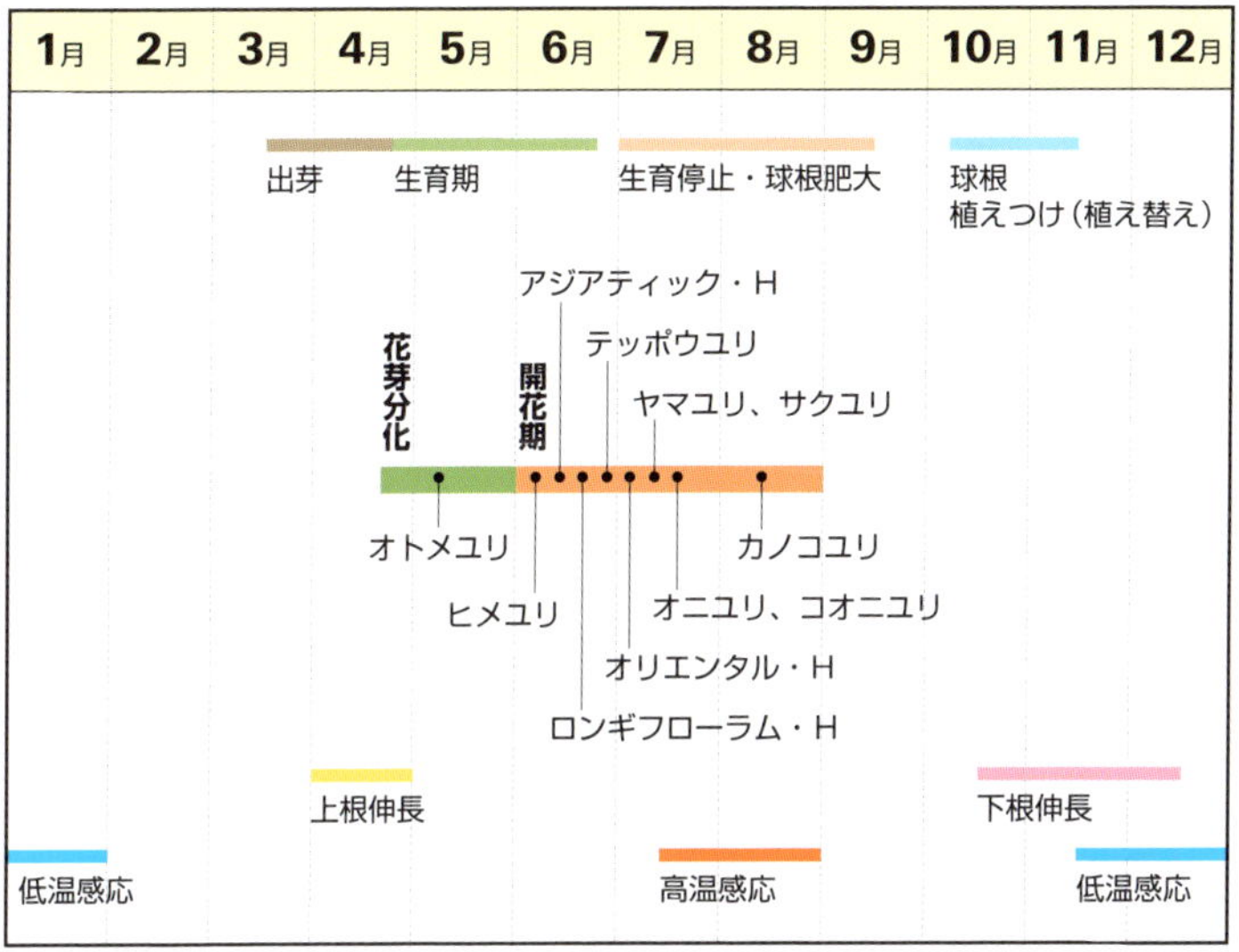
1月
2月
3月
4月
5月
6月
7月
8月
9月
10月
11月
12月
出芽
生育期
生育停止・球根肥大
球根
植えつけ（植え替え）
アジアティック・H
テッポウユリ
ヤマユリ、サクユリ
花芽分化
開花期
オトメユリ
カノコユリ
ヒメユリ
オニユリ、コオニユリ
オリエンタル・H
ロンギフローラム・H
上根伸長
下根伸長
低温感応
高温感応
低温感応

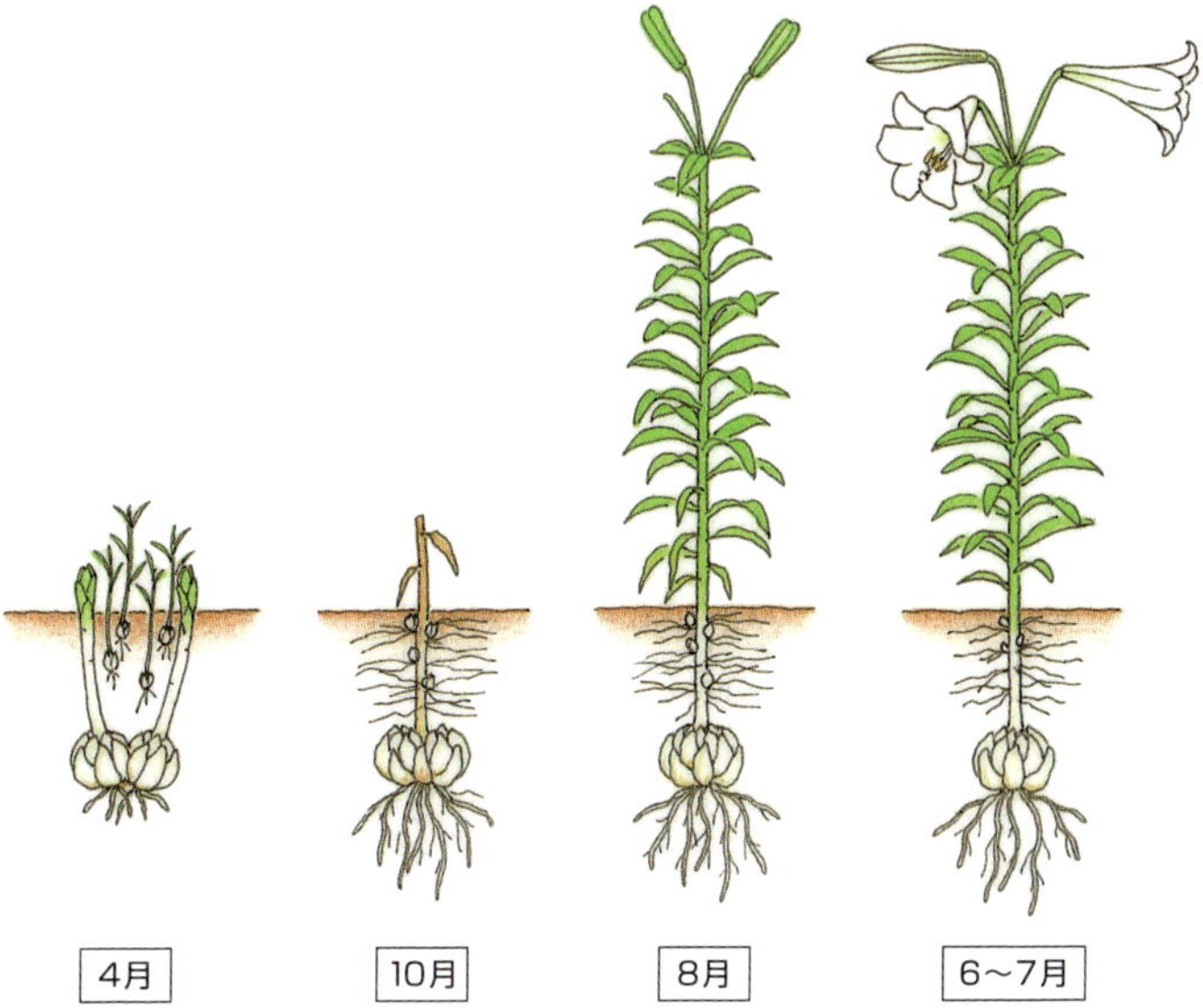
4月
10月
8月
6〜7月

温度管理で開花期を調節できる　このように季節の変動による温度の変化がユリの生育に大きな影響を及ぼしています。これは、温度を適度に制御することで開花時期を変えられることを意味しています。しかし、早く花を咲かせたいからといって、いたずらに温度を上げても順調に生育しなかったり、花が咲かないで終わってしまうことがあります。

　現在、ユリの花は一年中花屋さんに並んでいますが、本来の開花期は、種類により少しずつ違いはあるものの、およそ初夏のころの1回だけです。ほかの時期に売られているユリは園芸品種の球根を冷蔵しておき、適当な時期に植え込んで、生活サイクルを人為的に変え、開花時期を調節したものなのです。

春化（バーナリゼーション）

　植物によって、花のもとになる花芽のつくられ方はいろいろあります。ある大きさに生長するとつくられる、日の長さにあわせてつくられる、低温にあってつくられる、などです。

　ユリのように、低温にあって花芽がつくられる現象を春化（バーナリゼーション）といいます。ロシアのルイセンコが１９３０年ごろ、初めて学問的に解明しましたが、これより10年も早くすでに春化を利用した栽培が行われていました。

　東京都足立区にあった鴨下農園では、ユリの球根をいったん温度の低い室に保存してから、温室内に植えたところ、見事に、早く花が咲いたといいます。低温にあわせてから温度をかけて栽培した結果、正月にテッポウユリの花を咲かせることに成功したのでした。学問的究明の前に、経験から開花促成技術を実用化していたのです。

1月

秋に植え込んだ球根は、土の中で根を伸ばしています。ユリは花を咲かせるために、冬の寒さに十分当たることが必要ですが、すでに10℃以下の低温に1か月半以上当たっていれば、鉢を室内に入れて花を早く咲かせる促成栽培をすることができます。

ARS

花盛りの南半球。花壇の主役は草丈の高いユリ（ニュージーランド）

1月のユリ

今月行わなければならない作業は特にありませんが、まだ植えつけていない球根があれば、できるだけ早く植えつけましょう。

●庭植えの管理・作業

水やり　1か月近くも雨や雪が降らず乾燥している場合には、地面深くまで水がしみ込むようにたっぷりと水やりをします。1株にバケツ1杯ぐらいは必要でしょう。

肥料　不要です。

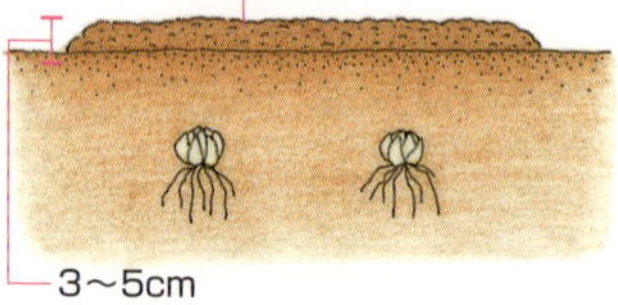
腐葉土や稲わらで
地表を覆う

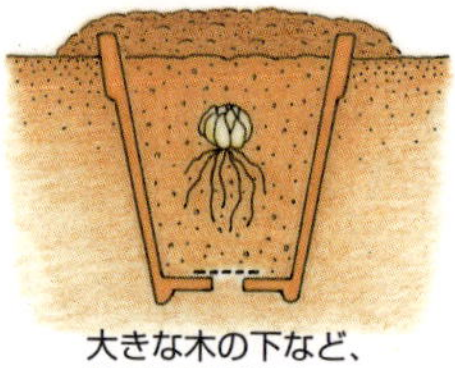
鉢縁まで埋める

マルチング　土の乾燥と霜柱が立つのを防ぐために、球根を植えてある場所を稲わらや腐葉土などで覆っておきます。

球根の植えつけ　園芸店で、まだ球根が売られていることがあります。干からびたりカビが生えたりしていない、しっかりとした球根であれば、これから植えつけても、まだ間に合います。購入して早めに植えつけましょう（82ページ参照）。

●鉢植えの管理・作業

置き場　庭があって、風通しのよい、半日陰の場所に、鉢の縁まで埋めておくことができれば、保温にもなり、水やりの手間も省けます。

ベランダなどでは、風通しも日当たりもよい場所か、半日陰の場所に置きます。

水やり　鉢土の表面が乾いてきたら、たっぷりと水やりをします。午前中の暖かいときに行って、夕方までには水が抜けてしまうようにします。気温が下がる深夜まで水が残っていると、凍ってしまいます。

肥料　必要ありません。

球根の植えつけ　早めに行います。

促成栽培　適期の10月に植えつけられたものは、すでに十分寒さにあっているので、室内などの暖かい場所に鉢を移動させると、花を早く咲かせることができます。

ユリという名前

ユリには、一般に「百合」という漢字が当てられています。これは鱗茎という、葉の変化した鱗片が幾重にも重なり合ったユリの球根の形態を表したものといわれています。

中国では「百合」というと、本来はハカタユリを指すといわれますが、近年では日本と同じように「百合」でユリ全体を指すようになってきているということです。

ユリという日本での呼び方は、この植物の花が、大きく、風に揺れているさまを表したものといわれています。

また、ユリの学名は*Lilium*といいますが、これは古いケルト語のli（白い）とlium（花）に由来し、ヨーロッパで古くから知られているマドンナ・リリーを指すものといわれています。英名のlily、独名のLilie、仏名のlis、ギリシャ名のlirionなども同じ語源によるものと思われます。

日本には「百合」「小百合」という名前の方がいらっしゃいますが、英語では「スーザン」がこれに当たります。ヘブライ語でユリを意味するシューサンという言葉からきています。

JBP-M. Fukuda

大きなユリの花が風に揺れる（ヤマユリ）

2月

最も寒さの厳しい季節ですが、ユリの球根は土の中で寒さにあいながら芽を出す準備を進めています。暖地では生育の早いテッポウユリの仲間が地上に芽を見せ始めます。

Nature Production

南の地方では早くもテッポウユリの芽が地上に顔を出す

2月のユリ

オリエンタル・ハイブリッドなどの球根は、今月中ならまだ植え込むことができます。できるだけ早くすませましょう。

●庭植えの管理・作業

水やり　極端に乾燥してしまっているときには、たっぷりと水やりをします。

肥料　必要ありません。

球根の植えつけ　オリエンタル・ハイブリッドなど6～7月以降に花を咲かせるユリの球根は、

まだ植え込むことが可能です。いっときも早く植え込みを行いましょう。(82ページ参照)

球根の植え替え　行いません。

●鉢植えの管理・作業

置き場　風通しと日当たりのよい場所に置きます。半日陰の場所でもかまいません。

水やり　鉢土の表面が乾いてきたら、たっぷりと水やりをします。天気のよい暖かい日の午前中に行うとよいでしょう。庭に埋め込んである鉢植えには必要ありません。

肥料　テッポウユリなどの球根は、芽が出始めます。追肥として、錠剤タイプの緩効性化成肥料を3か月に1回置き肥します。液体肥料なら2週間に1回水やり代わりに施します。

球根の植えつけ

最適期は10月

JBP-K. Kawabe

オリエンタル・ハイブリッドの球根。これからでもまだ植えつけ可能

施肥

適期＝芽が出たとき

K. Hido

錠剤タイプの緩効性化成肥料を1鉢（7号）に3個、土の表面に置き肥

K. Hido

顆粒タイプの緩効性化成肥料なら月に1回1鉢に小さじ1杯ほど施す

3月

今月の末になると、多くのユリの芽が動き出し、地上に姿を見せ始めます。気温が上がってくると虫たちも活動を開始します。病害虫の対策をしっかり行いましょう。

JBP-K. Kawabe

いろいろのユリの芽が次々に姿を見せる

3月のユリ

まだ霜が降りたり、雪が降ったりすることもあり、寒さで伸び始めた芽が傷んでしまうことがあります。芽が傷むとその後は生育できなくなってしまうので、気温の変動に十分気をつけましょう。

●庭植えの管理・作業

水やり　特に必要ないでしょう。

肥料　芽が伸び出すとともに、土の中では上根が伸び出します。球根を順調に肥大させて、よい花を咲かせるために追肥を施します。

緩効性化成肥料を1株に10gぐらい、株の周囲20㎝四方にばらまきます。

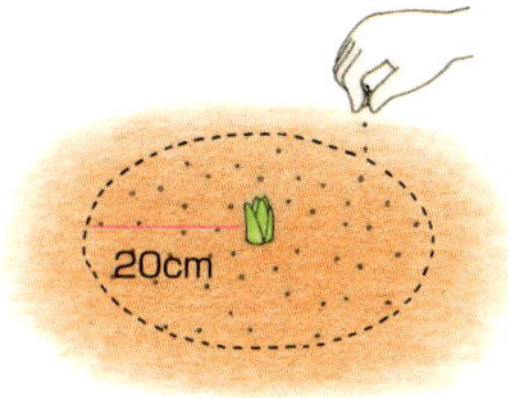

新芽の保護　伸び出した新芽が寒さや霜で傷み、生長点が枯死してしまうことがあります。ユリの茎は分枝しないので、いったん生長点が枯死すると、それ以上生長を続けることができなくなってしまいます。
寒さの心配があるときには、芽のまわりを腐葉土や落ち葉、稲わらで覆い、保護します。針金で骨組みをつくり不織布をかぶせ、保護してもよいでしょう。ただし、空気を通さないポリ袋などをかぶせると昼間高温になって、この場合にも芽が枯死してしまうことがあるので注意が必要です。

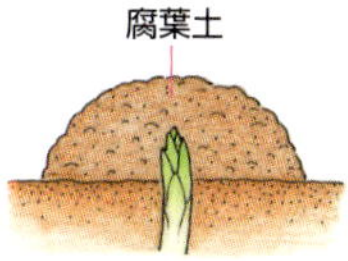

芽を腐葉土などで覆い保護する

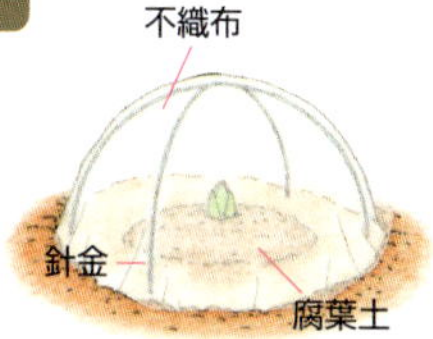

不織布で覆って芽を保護する

4月になり寒さの心配がなくなったら、すみやかに覆いを取り除きます。

芽が傷んだ株は、今年は開花しませんが、そのままにしておくと来年また芽を出し、生長を始めます。

球根の植えつけ、植え替え　今月ではもう遅いので行いません。

●鉢植えの管理・作業

置き場　芽が伸び出してくるので、日陰に置いてある鉢植えは、日当たりのよい場所に移動させます。オリエンタル・ハイブリッド、オトメユリ、ヤマユリ、サクユリなどの半日陰を好むものは、明るい半日陰の場所に、アジアティック・ハイブリッド、テッポウユリなど日当たりを好むものは、日当たりのよい場所に置きます。

ユリの芽は太陽のほうに向かって伸びる性質があるので、1方向からだけ日が当たっていると茎が太陽のほうに曲がってしまうことがあります。数日に1回、鉢を回して芽がまっすぐ伸びるようにします。

水やり　鉢土の表面が乾いたらたっぷりと水やりをします。

肥料　芽が出てきたら液体肥料を2週間に1回、水やり代わりに施します。

球根の植えつけ、植え替え　行いません。

●病害虫の防除

芽が伸びてくるとともに病害虫の被害も発生してきます。

ウイルスを媒介するアブラムシの防除のために月に1回、株元に浸透移行性の殺虫剤をばらまいておきます。

ヨトウムシなどによって新芽が食害されてしまうこともあります。土を軽く掘って、捕殺します。

ナメクジなども活動を始めます。誘引性の殺虫剤を散布して誘殺します。

ユリの大敵アブラムシ

浸透移行性の殺虫剤をばらまく

ユリを切り花で楽しむ

ユリは、切り花としても魅力的な植物です。庭植えや鉢植えのユリを切り花で楽しむこともできます。育てたユリを切り花にするときは、株元からは切らず、草丈の半分くらいは残すようにします。十分な葉を残して、球根を充実させ、また翌年も花を咲かせましょう。

切り花は、茎を水の中で切る「水切り」をすると、よく水があがります。花を長くもたせたいときには、氷水を使って水あげを行い、涼しい場所に飾ります。

花屋さんで売られているユリの切り花は、蕾のことがあります。これは、花が大きくて開いてしまうと輸送しにくい、雄しべの花粉が花弁を汚してしまうことがある、などの理由のためです。蕾を早く咲かせたいときには、水あげをするときぬるま湯を用います。

また、開花すると、花粉が花弁を汚したり、衣服などについてしみになったりすることがあります。このため花屋さんでは花が咲くと、雄しべの葯の部分を取り除いてしまうことがあります。

K. Hido

雄しべの葯を取る

K. Hido

見栄えは悪いが、衣服を汚す心配がない

4月

気温の上昇とともにユリの生育は活発化してきます。地上に伸びてきた芽の中にやがて花芽がつくられます。害虫の動きも活発になります。よく観察して、アブラムシなどを寄せつけないように気をつけましょう。

JBP-K. Kawabe

芽が伸びて、そのなかに花芽がつくられる

4月のユリ

先月、姿を見せたユリの芽はどんどん伸長し、その先にやがて花芽がつくられます。土の中では茎の節から上根が伸びて、盛んに養分、水分を吸収しています。上根が伸びるこの時期に1回目の追肥を施します。

●庭植えの管理・作業

水やり　特に必要はないでしょう。

肥料　先月施していない場合は、早めに緩効性化成肥料を株元にばらまきます。

新芽の保護　遅霜の心配がなくなる4月上旬には覆いを取り除きます。

球根の植えつけ、植え替え　行いません。

●鉢植えの管理・作業

置き場　アジアティック・ハイブリッド、テッポウユリなどは日当たりのよい場所に置きます。

オリエンタル・ハイブリッド、ヤマユリ、サクユリ、オトメユリなどは、半日陰の場所に置きます（82ページ参照）。

水やり　鉢土の表面が乾いたら、たっぷりと水やりをします。

肥料　追肥を液体肥料で施している場合には、8月まで、2週間に1回、水やり代わりに施します。

球根の植えつけ、植え替え　行いません。

●病害虫の防除

アブラムシが芽の先端などに寄生します。見つけたら早めにエトフェンプロックス乳剤を散布して、防除します。また、月に1回、浸透移行性のアセフェート粒剤を株元に散布しておきます。

アブラムシは、ユリにとって最もやっかいなウイルス病を伝播する害虫です。ウイルス病自体を防除する薬剤はありません。アブラムシをまめに防除することによってウイルス病の伝染を防ぐようにしましょう。

葉に褐色の楕円形の病斑ができ、ひどくなると葉が枯れてしまう斑葉病などが発生することがあります。

ARS

鉢植えのオトメユリ

5月

茎を伸ばしながら葉を次々に広げて、茎の中に花芽がつくられます。早いものでは、蕾がのぞいて、下旬には開花するものもあります。土の中では上根が伸長し、養分を吸収して、球根を充実させています。

5月のユリ

生育の遅いオリエンタル・ハイブリッドなどでも、花芽が形成されています。この時期に、乾燥や病害虫などの被害を受けると開花に影響してしまいます。

今月中旬になるとアジアティック・ハイブリッド、テッポウユリなどは蕾がのぞいてきます。オトメユリは、中・下旬には開花します。アジアティック・ハイブリッドの早生品種も下旬には開花が始まります。

土の中では上根が伸長し、養分を吸収します。

球根の内部の鱗片が増加、肥大化しています。また、木子も形成されます。この時期の管理の仕方が、ユリの生育、開花に大きく影響することになるので、十分な手入れが必要です。

●庭植えの管理・作業

水やり　特に必要ないでしょう。

肥料　必要ありません。

除草　株元の雑草は、乾燥防止、地温上昇の防止に効果がありますが、見苦しいので、ユリの芽を傷つけないように早めに取り除きましょう。代わりに、稲わらや腐葉土などで株のまわりを覆ってマルチングします。またユリの生育の邪魔にならないような草花を植えておき、その中でユリを栽培するのもよいでしょう。

球根の植えつけ、植え替え　行いません。

葉焼け症　芽が伸び出したとき日に当たって葉が白く枯れてしまうことがあります。強い日ざしを受け、葉からの蒸散が急に盛んになったのに、上根の発達が不十分で、水分の吸収が間に合わず、葉が枯れてしまうものと考えられています。あわてて水やりをしても間に合いません。強い日ざしに気をつけるとともに、上根の発達を促すようにして防ぎます。これは病害ではなく、生理障害と呼ばれるものです。

●鉢植えの管理・作業

置き場　アジアティック・ハイブリッド、テッポウユリなどは、日当たりのよい場所に置きます。コンクリートのベランダな

日当たりがよいと、コンクリートはかなり熱くなる。鉢は台などの上にのせる

どは直射日光が当たると、かなり熱くなってしまいます。鉢を直接置かず、台の上などに置き、鉢内の温度が上がるのを防ぎます。

オリエンタル・ハイブリッド、ヤマユリ、サクユリなどは、明るい半日陰の場所に置きます。

水やり　鉢土の表面が乾いたら、たっぷりと水やりをします。

肥料　追肥を液体肥料で施している場合には、2週間に1回、水やり代わりに施します。

球根の植えつけ、植え替え　行いません。

●病害虫の防除

アブラムシの防除を行います。

葉に病斑の出る葉枯病などの予防のためにTPN水和剤などを散布します。

ユリを楽しむ公園

かつては美しい野生のユリを日本の各地で見ることができました。しかし、球根が山採りされたり、自生地が開発されたりと、今ではあまり身近なものではなくなってしまっています。

各地にユリをメイン植物とする公開施設がつくられ、多くの園芸品種とともに日本の野生種が栽培、展示されています。そのいくつかをご紹介します。

・**札幌市百合が原公園**　札幌市郊外の公園で、日本だけでなく世界各地に自生する数多くのユリが

5月

自然に近い形で栽培されています。1か所でこれだけ多くの種類のユリを見ることができる場所はほかにはありません。また、園芸品種による大規模な花壇も見事です。ユリ好きの方ならぜひ一度は訪ねてみたい公園です。

・可睡ゆりの園　静岡県袋井市にあるユリの公園です。5月から7月上旬までアジアティック・ハイブリッドやオリエンタル・ハイブリッドの園芸品種の花が広い園内を埋めつくします。5色のユリの花による雄大なじゅうたんは見事です。

・とっとり花回廊　鳥取県の大山の西麓につくられたフラワーパークです。中央にあるドームの中では1年を通じて熱帯花木などが花を咲かせています。6月から7月にユリまつりが行われ、園内を多くのユリの園芸品種が彩ります。また、6月には自生しているササユリの群落が開花します。日本の各地に自生する原種ユリの栽培も熱心に行われています。現在では幻となってしまっているウケユリやタモトユリの花も見ることができます。

JBP-N. Kamibayashi

「とっとり花回廊」伯耆大山をバックに四季の花を楽しめる

M.Fukuda

「札幌市百合が原公園」世界の野生のユリも数多く栽培されている

6月

ユリの花が次々に咲き始めますが、下旬には梅雨に入り、病害虫の発生が多くなります。また、梅雨の晴れ間にのぞく太陽は夏と同じで強烈です。

K. Kawabe

鉢植えの‘カサブランカ’。常緑の葉ものがマルチング効果をもつ

6月のユリ

アジアティック・ハイブリッドの開花時期です。ヒメユリも中旬に開花します。下旬になるとテッポウユリ、タカサゴユリ、トランペット・ハイブリッドなどの花も咲き始めます。オリエンタル・ハイブリッドなどは、草丈を伸ばし続けています。蕾ものぞいてくるでしょう。

地下では上根が養分、水分を吸収し、地上部の生育も盛んに行われています。オニユリでは珠芽が発生し始めています。

今月下旬には梅雨に入り、病害虫の発生が多くなります。防除に気を配るようにしましょう。

●庭植えの管理・作業

水やり　梅雨に入ります。水やりは、必要ありません。

肥料　花後に、緩効性化成肥料を施します。1株当たり10gぐらいを株の周囲30cmにばらまき、1～2cmの深さに耕して、土に混ぜておきます。あまり深く耕しすぎると、せっかくの上根を傷めてしまいます。注意して作業してください。緩効性の錠剤タイプのものを用いるなら、3粒ぐらいを株の周囲に置きます。この時期の追肥は、来年のための球根養成に必要なものです。

除草　雑草を生えたままにしておくと、病害虫の温床になってしまうことがあります。雑草は球根の乾燥防止、温度上昇の防止には役立つものですが、早めに除草したほうがよいでしょう。

マルチング　梅雨入りし、雨が多くなります。雨のはね上がりや泥が、葉の裏を傷つけて病気が出やすくなります。また、高い温度と湿度が病気の発生を助長します。除草したあと、株の周囲を稲わら、腐葉土などで覆っておくとよいでしょう。

支柱立て　オリエンタル・ハイブリッドなどの花は大きく重いので、茎が倒れてしまうことがあります。早めに支柱を立て、茎を支えるようにするとよいでしょう。支柱を立てるときは地中にある球根を傷つけないように注意してください。茎と支柱は、ビニールタイなどで8の字

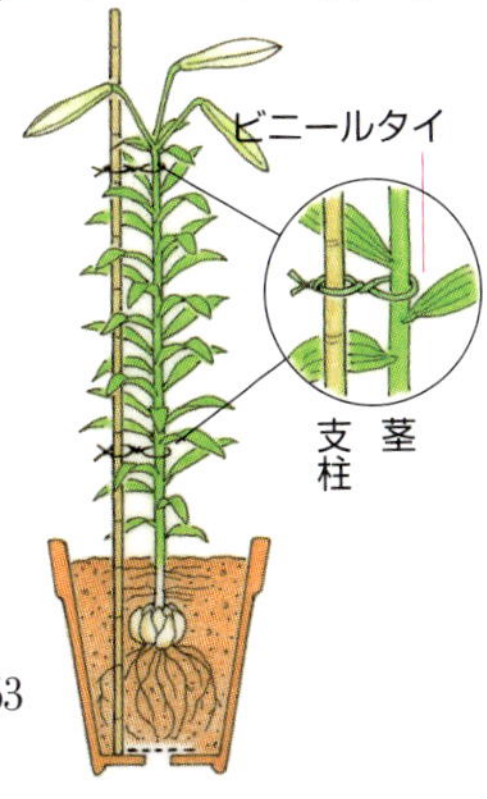

になるように結びます。

花がら摘み　咲き終わった花がらは、子房ごと手で折るようにして、取り除きます。そのままにしておくと灰色かび病などの原因になり、また、種子が結実すると養分が取られ、株が消耗してしまいます。早めに摘んでしまいます。

摘み取るときに、ハサミなどで切り取ると、ウイルスを伝染させてしまうことがあるので、手で折り取ります。花がらは、株元などに放置せず、必ずまとめて捨てるようにします。

植えつけ、植え替え　行いません。

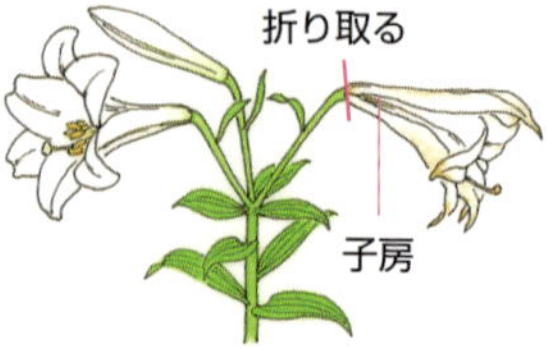

K. Hido

●鉢植えの管理・作業

置き場　梅雨どきです。屋外に置けば、水やりの手間が省けますが、雨のはね上がりによる病気の発生も心配です。軒下など、直接雨の当たらない場所に置きます。

開花株が多くなります。開花した鉢植えは、屋内などの涼しい、明るい場所に置くとよいでしょう。涼しい場所に移動させれば花を長くもたせることができます。鉢植えの利点です。花が終わったら元の置き場所に戻します。

水やり　鉢土の表面が乾いたらたっぷり水やりをします。

肥料　液体肥料を2週間に1回、水やり代わりに施します。

3月に緩効性の錠剤タイプの追肥を施した場合は、花後にまた、7号鉢に3粒施します。

植え替え　小型の鉢に植えられた花つきの株を

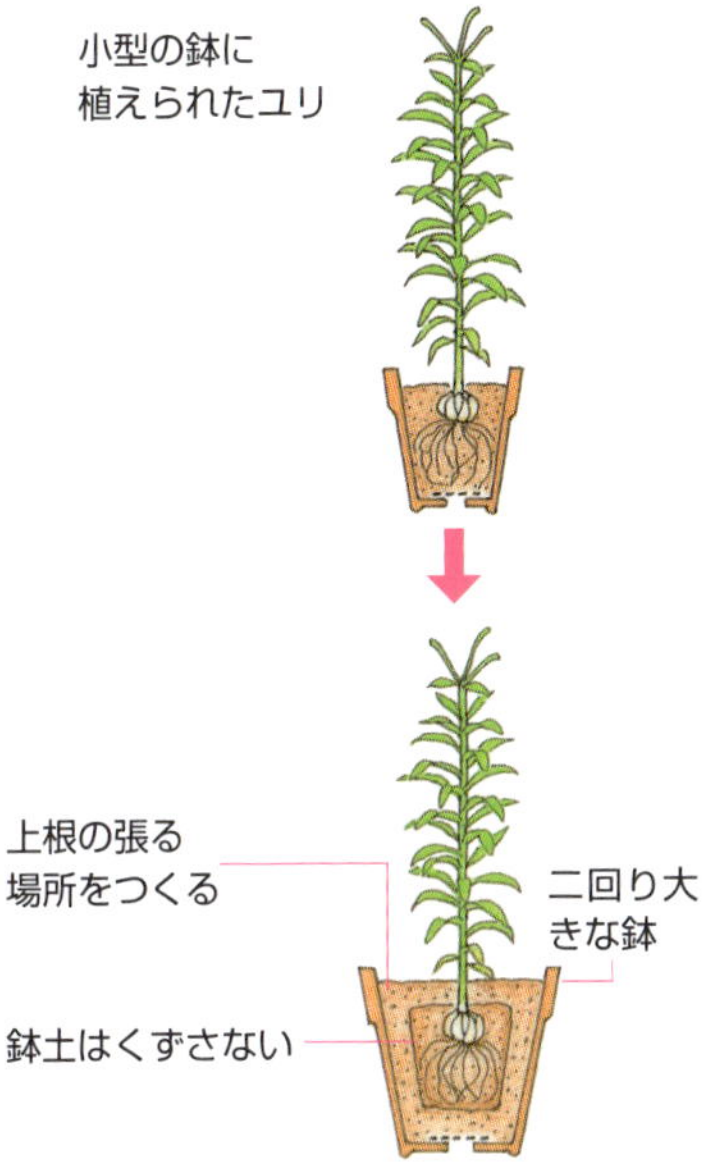

市販の3本立ちの鉢植え。分けられた小部屋に1球ずつ入っていた

購入した場合、そのままでは来年も花を咲かせられる球根を養成することはできません。球根類の生育中の植え替えは、本来行ってはならない作業ですが、来年も花を楽しむために、やむをえず行います。花が終わったら、花がらを摘み、鉢から根鉢をくずさないように抜いて、二回りぐらい大きな鉢に植え替えます。市販の鉢植えでは、浅植えにして上根を張らせないようにし、草丈を抑えているものがあります。元の根鉢より1～2㎝ぐらい上まで培養土をのせて、上根の張る余地をつくります。たっぷりと水やりをして、明るい日陰に置き、新しい根を出させるようにします。

庭のある場合には、同じく根鉢をくずさないで庭植えにします。球根が浅植えにならないように根鉢の上に2㎝ぐらい土がかかるように深植えにします。

大きめの鉢に余裕をもって植えられている株は、この時期の植え替えはしません。

球根の植えつけ　行いません。

●病害虫の防除

梅雨どきで気温、湿度ともに高く、病害の発生の多いときです。特に、葉枯病、斑葉病などの発生が多くなります。鉢植えでは株を直接雨に当てないようにしたり、風通しのよい場所に置いたりするとともに、花がら摘みをまめに行い、病気にかからないよう注意します。病気の発生を見たらＴＰＮ水和剤などを散布して早めに防除します。

ゆりまつり

奈良県奈良市の率川《いさがわ》神社で毎年6月17日に「ゆりまつり」が行われています。正式には三枝祭《さいくさのまつり》といいます。

率川神社は、三輪山を御神体とする大神《おおみわ》神社の摂社です。創建は飛鳥時代の推古天皇元（593）年と奈良市で最古の神社です。御祭神は、神武天皇の后媛蹈鞴五十鈴姫命《ひめたたらいすずひめのみこと》とその両親、狭井大神《さいのおおかみ》、玉櫛姫命《たまくしひめのみこと》です。

御祭神の媛蹈鞴五十鈴姫命は三輪山のふもと、狭井川《さいかわ》のほとりに住んでいました。その近くにはササユリが多く自生していたといいます。このササユリを摘んでいる媛蹈鞴五十鈴姫命を神武天皇が見初め、后にしたというロマンスがあったといわれています。そこで御祭神を慰めるために酒樽にササユリの花を飾って捧げたといわれています。ササユリの花は、「佐韋《さい》」とも呼ばれます。また、ササユリは、ふつう2～3輪の花をつけます。そこでこの祭も三枝祭と呼ばれています。ササユリは、『古事記』では「山由理草」とも書かれ、ヤマユリとも考えられますが、わが国では一般に、ユリというとササユリで代表されます。現在、三輪山のササユリの自生は絶えてしまっていますが、周囲の農家の人たちが苦労しながら栽培、奉納しています。

　この祭の起源は、文武天皇の大宝（701～703）年間と非常に古いものです。現在でも黒酒《くろき》、白酒《しろき》を罇《そん》、缶《ほとぎ》という酒樽に盛り、その周囲をササユリの花で飾り、神に供えています。さらに4人の巫女がササユリをかざして神楽を優雅に舞います。また、ゆり姫やお稚児さんがササユリを手に市内を巡行します。

　この祭は、本社の鎮花祭とともに疫病の鎮圧を祈願するものだそうですが、全国的に見ても非常に珍しいユリを主役にした祭ということになると思います。

JBP

ササユリ

K. Hido

ササユリをかざして舞う

K. Hido

酒樽をササユリで飾り供える

7月

ユリの季節がピークを迎えます。野山を歩いて野生のユリを観賞するのも楽しいことです。梅雨が明けると急激に気温が上がってきます。球根を充実させるためには、適度な暑さに当たることも欠かせません。

K. Kawabe

アガパンサスと咲く‘ルレーブ’

7月のユリ

オリエンタル・ハイブリッドなどの花が咲き始めます。中旬になるとヤマユリ、サクユリなどの野生種が咲き始めます。下旬にはオニユリなども咲き始めます。

土の中では新しい鱗片が形成され、球根が肥大化していきます。また、木子も形成され、肥大化していきます。適切な追肥を施す必要があります。

●庭植えの管理・作業

水やり　普通に雨が降っていれば、特に水やりの必要はないでしょう。しかし、梅雨が明けて、晴天が続き、乾燥が激しいときには水やりが必要になります。ホースでたっぷり水やりをします。ジョウロなどでさっと水をまいただけでは、土の表面がぬれるだけで水やりをしたことにはなりません。

肥料　アジアティック・ハイブリッドなど、先月に花を咲かせた株には肥料を施して球根の充実、肥大を図ります。

　オニユリ、カノコユリなどは、花の終わるのを待っていたのでは、8月の高温期になってしまいます。高温期の施肥は避けたほうがよいので、今月の上・中旬までに施してしまいます。

　緩効性化成肥料を1株に10gぐらい、株のまわりにばらまきます。

除草　せっかく施した肥料が雑草に吸収されてしまいます。早めに除草しましょう。

マルチング　高温、乾燥から上根や球根を守るために、株の周囲を稲わらや腐葉土などで被覆してやるとよいでしょう。これは強い雨による泥はねを防ぎ、病害の発生を予防するのにも効果があります。

花がら摘み　咲き終わった花がらを子房から摘み取って、病気の発生を防ぎ、また、種子のできるのを防ぎます。

球根の植えつけ、植え替え　行いません。

●鉢植えの管理・作業

置き場　梅雨どきは、雨の当たらない軒下などに置きます。開花した株は半日陰の涼しい場所に置いたほうが花もちがよくなり、長く楽しめます。

梅雨明け後は強烈な夏の日ざしが照りつけます。ベランダなどのコンクリートの上に直接鉢を置いておくと、照り返しで鉢の中の球根、根の温度も上がってしまいます。棚などの上に置き、できるだけ涼しく過ごさせるようにします。株の周囲を寒冷紗などで覆い、日ざしを避けるとともに風通しを図って、温度の上がるのを防ぎます。

アジアティック・ハイブリッドやテッポウユリなどは、日当たりを好みますが、地下部の温度が必要以上に上がることは好みません。鉢の部分だけでも日陰になるように工夫してください。

また、オリエンタル・ハイブリッドなどの半日陰を好むユリは、直射日光の当たる南向きのベランダなどに置かれていると日ざしが強すぎ、順調な生育をすることができません。かえって直射日光は当たらなくても、明るい北向きのベランダなどに置いたほうが順調に生育することがあります。

ユリそれぞれの特性を知り、その特性に合わせた管理をすることが必要です。

水やり　鉢土の表面が乾いたら、たっぷりと水やりをします。

肥料　液体肥料を2週間に1回、水やり代わりに施します。

球根の植えつけ、植え替え　行いません。

二重鉢　鉢に直射日光が当たると鉢の中が高温になってしまうことがあります。特にプラスチック鉢には断熱効果はほとんどありません。鉢を二重にして鉢の中が高温にならないようにします。

今植えてある鉢より二回りぐらい大きな鉢を用意し、その中に栽培している鉢を入れ、鉢と

二重鉢

❶ 二回り大きな鉢、赤玉土、腐葉土

❷ 大きな鉢の底に赤玉土を入れ、中央にユリの鉢を置く

❸ 鉢と鉢のすき間に赤玉土を詰める

❹ 鉢土の表面を腐葉土で覆う

❺ 乾燥と高温から株を守ることができる

鉢の間に赤玉土などを詰めます。鉢土の表面には腐葉土を敷き詰め、乾燥と高温を防ぐとともに雨による泥のはね返りを防いで病気を予防します。

●病害虫の防除

それまで順調に生育していたユリが急に葉を落とし、茎だけになってしまうことがあります。これは茎だけになってしまうことから、俗に「ステッキ病」と呼ばれる急性落葉病です。ウイルスによるものとされています。

俗に「ステッキ病」と呼ばれる急性落葉病に侵された‘ナボンヌ’

じつは、残念なことに栽培しているユリのほとんどはウイルスに感染しているといわれています。ただ、株に勢いがあるうちは感染していても症状が現れません。発病していないだけなのです。栽培環境が悪くなると発症してしまうことが多くなります。

この時期に現れる「ステッキ病」は、急激に気温が上がったため、それまでウイルスに感染していても発病していなかった株が発症してしまったものと考えられます。

植物の性質に合った栽培環境を整えてやることが、健全な生育には必要なことなのです。

ユリという名のユリでない植物

ユリ属以外にも○○ユリ、○○リリーと呼ばれる植物があります。ユリとはまったく縁のないものもあり、単に美しい花といった意味でユリと呼ばれていることもあります。ユリは美しい花の代表ということになるのでしょうか。

ウバユリ　***Cardiocrinum cordatum***
ユリ科ウバユリ属。西南日本の低山を中心に分布するウバユリ*C.cordatum*と、本州の山地や北海道に生育するオオウバユリ*C.cordatum* var. *glehnii*がある。ウバユリの名は、花の咲くころには根元の葉が枯れているものが多いことから、歯なしの姥《うば》にたとえたものといわれる。

クロユリ　***Fritillaria camtschatcensis***
ユリ科バイモ属。東北地方や高原地帯に生育し、6月から7月に暗紫色の花を咲かせる。

デイ・リリー　day lily

ヤブカンゾウ *Hemerocallis fulva*やニッコウキスゲ（ゼンテイカ）*H.dumortieri*などのユリ科ヘメロカリス属の植物。花が1日で終わってしまうことからデイ・リリーと呼ばれる。

カラー・リリー　calla lily

サトイモ科の植物カラー*Zantedeschia*のこと。「カラー」は、旧属名で美しいの意。この植物の仏炎苞を指していると思われる。

アフリカン・リリー　African lily

南アフリカ原産のユリ科のアガパンサス*Agapanthus*。和名はムラサキクンシラン（紫君子蘭）というが、ラン科ではない。6月から7月に紫色や白色の花を咲かせる。

谷間のユリ　lily of the valley

ユリ科のスズラン*Convallaria*のこと。園芸的に栽培されているのはヨーロッパ原産のドイツスズラン*C.majalis*。初夏に白色のかわいらしい釣り鐘形の花を咲かせる。

JBP
アガパンサス

JBP-A. Tokue
ヘメロカリス

ARS
ウバユリ

JBP
スズラン

ARS
カラー

JBP-M. Fukuda
クロユリ

K.Hido

パイナップル・リリー

パイナップル・リリー　pineapple lily

南アフリカ原産のユリ科ユーコミス（*Eucomis*）属の植物。7月から8月に白色の花が密生して咲き、パイナップルのように見える。

アマゾン・リリー　Amazon lily

南アメリカ原産のヒガンバナ科のユーチャリス *Eucharis grandiflora* のこと。寒さに弱い、香りのよい花を咲かせる球根植物。

キツネユリ（英名 climbing lily）　別名　ユリグルマ

アフリカ、熱帯アジア原産のユリ科グロリオサ（*Gloriosa*）属のつる性植物。7月から8月に深紅色や黄色の特異な花を咲かせる。

ダイヤモンド・リリー　diamond lily

南アフリカ原産のヒガンバナ科ネリネ（*Nerine*）属の植物。秋に咲く花の花弁が日光に当たると、輝くように見えることからこう呼ばれる。

スパイダー・リリー　spider lily

ヒガンバナ科リコリス（*Lycoris*）属の植物。秋に真っ赤な花を咲かせるヒガンバナの仲間。英名は咲く花の形から。

ベラドンナ・リリー　belladonna lily

南アフリカ原産のヒガンバナ科アマリリス *Amaryllis*属の植物。9月から10月に淡紅色などの花を咲かせる。一般にアマリリスと呼ばれるヒッペアストルム *Hippeastrum*属とは別。

ユリズイセン

南アメリカ原産のアルストレメリア科のアルストレメリア（*Alstroemeria*）。英名は Peruvian lily（ペルーのユリ）。5月から6月に多様な色の花を咲かせる。

タイガー・リリー　tiger lily

一般にタイガー・リリーというとオニユリのこと。メキシコ原産アヤメ科のチグリジア（*Tigridia*）を指すこともある。非耐寒性の球根植物。

ウォーター・リリー　water lily

スイレン科スイレン（*Nymphaea*）属。和名のスイレンは、「睡蓮」で「水蓮」ではない。午後には花が閉じてしまうことから。

7月

JBP
グロリオサ

ARS
ユーチャリス

JBP
ヒガンバナ

JBP-K. Kawabe
ネリネ

JBP
アルストレメリア

K. Kawabe
ベラドンナ・リリー

JBP
スイレン

ARS
チグリジア

8月

オニユリやカノコユリなど、これから咲き出すユリもあります。また、暑さの厳しいなかでも、ユリは来年の花のために球根を肥大、充実させ続けています。

K. Kawabe

屋根に咲くコオニユリ。茅葺き屋根の上は日当たりがよく、水はけもよい

8月のユリ

上旬にはオニユリが咲き、中旬からはカノコユリが咲き始めます。

昨年の秋にタネをまいた新テッポウユリの花は、下旬から咲き始めます。

●庭植えの管理・作業

水やり　晴天が続き、乾燥しているときには、ホースなどでたっぷりと水やりをします。気温がまだ上がっていない午前中に行うとよいでしょう。

肥料　施しません。施肥は終わりです。

花がら摘み　咲き終わった花を子房から摘み取ります。

除草　早めに抜き取ります。

マルチング　株元を稲わらなどで被覆して乾燥防止、地温の上昇防止、病害を防止します。

球根の植えつけ、植え替え　行いません。

●鉢植えの管理・作業

置き場　先月に引き続き、暑さに配慮した場所に置きます。

水やり　鉢土の表面が乾いたらたっぷりと与えます。朝夕2回の水やりが必要かもしれません。

肥料　液体肥料を水やり代わりに20日に1回施します。錠剤タイプの緩効性化成肥料を施している場合は3か月に1回、地面の上に置きます。

球根の植えつけ、植え替え　行いません。

●病害虫の防除

茎の地表近くの部分から、おがくず状のものが出ていることがあります。コウモリガの幼虫の被害です。茎の中に幼虫が潜んでおり、薬剤での防除は困難です。針金などを差し込み幼虫を殺します。雑草が多いと被害も多くなるので、周囲の除草をしておくようにしましょう。

K.Hido

カノコユリの白花品種‘峰の雪’

9月

多くのユリの花が終わり、土の中でも球根が充実期の終わりを迎えます。9月は鱗片繁殖の適期です。早めに球根を掘り上げ、鱗片を外し、消毒してからさします。

ARS

タネから育ったタカサゴユリ

9月のユリ

新テッポウユリの花が咲いています。タネから育てた新テッポウユリの開花期は、一定ではありません。8月から10月にかけてと、かなりばらつきがあります。

●庭植えの管理・作業

水やり　特に必要ありません。

肥料　必要ありませんが、球根の植えつけ、植え替えのときには元肥を施します。

球根の植えつけ　球根が入手できたら今月の末

から植えつけが可能です（82ページ参照）。しかし、最適期は10月です。

球根の植え替え　今月の末から11月まで行えます（85ページ参照）が、10月が適期です。

●鉢植えの管理・作業

置き場　風通しのよい、明るい場所に置きます。

水やり　鉢土の表面が乾いたらたっぷりと与えます。

肥料　必要ありません。

球根の植えつけ、植え替え　今月の末から行えますが、10月が適期です（88ページ参照）。

鱗片繁殖　十分に充実した、ウイルス病に汚染されていない球根を掘り上げます。球根をていねいに洗い、鱗片を外します。外側と中心の部分を除いた部分を使います。チウラム・チオファネートメチル水和剤で消毒してから、湿らせたバーミキュライトなどのさし木用の用土に、鱗片の半分ぐらいが土に入るようにさします。平鉢などを使うとよいでしょう。密閉して半日陰の場所で管理します。2～3か月ぐらいで鱗片の切り口に小さな球根が形成されます。春になると、この小球根からも葉が出てくるので、別々に外して植えつけます。2～3年すると開花するでしょう（100ページ参照）。

球根を掘り上げたら、きれいに洗って鱗片を外す

バーミキュライトなどに鱗片の半分ぐらいを埋める

9月

 JBP-K. Kawabe

10月

ユリの球根の植えつけ、植え替えの適期です。庭植えにされたものは数年に1回植え替えればよいでしょう。鉢植えのものは、鉢土が劣化してしまうので、毎年植え替えをします。

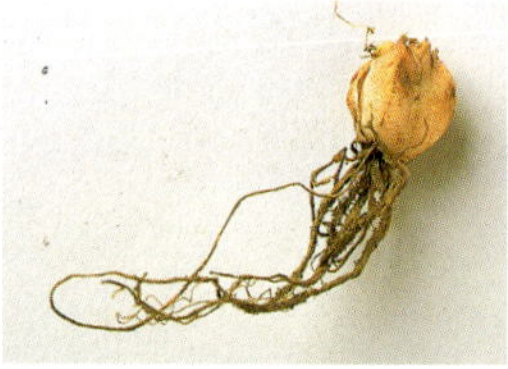

（上）サクユリの球根
（下）ササユリの球根

JBP-K. Kawabe

10月のユリ

ユリの球根は、乾燥しやすいので、植え替えのために掘り上げた球根は、できるだけ早く新しい場所、あるいは新しい用土で植え込むようにします。

園芸店には多くの種類の球根が並びます。好みの種類の球根を購入して植え込みましょう。

●球根の購入、選び方

まず、好みの品種を選ぶことが第一です。

ユリの球根は、同じ種類であれば大きなもの

オーレリアン・ハイブリッドの球根

キカノコユリの球根

テッポウユリの球根

ほど花数も多くなることが期待できます（球根の大きさは、周囲の長さ、球周で表します）。球根が大きく、芽が1つのものがよいでしょう。鱗片のすき間がなく、よく締まって、重いものを選びます。表面の鱗片にしおれがなく、腐りやしみのないものがよい球根です。

軽く湿らせたおがくず、バーミキュライト、ピートモスなどに包まれて、ビニール袋などに入れて売られています。これは、ユリの球根は表面が皮などで保護されておらず、そのままでは乾燥し、干からびてしまうからです。

売られている状態では直接球根の様子は見えないので、信用のある園芸店から購入するのがよいでしょう。

ユリの茎は、原則として途中から枝分かれしません。1本の茎に数輪の花が咲くとはいえ、1球ずつ植えたのでは見栄えがしません。数球

 JBP-K. Kawabe

ずつまとめて植えたほうが楽しめると思います。また、種類によって開花期が異なっています。少しずつでも同じ種類をまとめたほうがよいでしょう。

●庭植えの管理・作業

植える場所の選定　ユリは、一度植えると数年間植えっぱなしにする可能性があります。植えた場所の環境条件によって生育が大きく異なることもあります。毎年きれいな花を咲かせ続けるものもあれば、最初の年にはよく花を咲かせても、次第に元気がなくなり、株がやがて消えてしまうようなこともあります。

　これは、植えた球根の質、病害、そのほか多くの原因が考えられますが、一番大きな原因は環境の適、不適といえます。植える場所の選定がとても重要なのです。

●主な園芸品種の原種と生育環境

系統	主な原種	原種の自生地の環境	園芸品種の栽培に適した環境
ロンギフローラム・ハイブリッド	テッポウユリなど	海岸近くのススキなどが生えている草原など	水はけのよい、日当たりのよい場所
アジアティック・ハイブリッド	エゾスカシユリ	海岸の砂地	水はけのよい、日当たりのよい場所
	イワトユリ	海岸の砂地や海岸の崖	
	など		
オリエンタル・ハイブリッド	ヤマユリ	傾斜地のススキなどの草原や疎林の下の半日陰	西日の当たらない明るい半日陰で、水はけのよい場所。株元は、光の当たらない場所
	サクユリ	傾斜地の草原やツバキ畑の周辺の半日陰	
	ササユリ	傾斜地のササやススキなどの草原や疎林の下の半日陰	
	カノコユリ	海岸、傾斜地などの水はけのよい場所、日当たりのよいススキなどが生えている草原	
	など		
トランペット・ハイブリッド	リーガル・リリーなど	高原の草原	日当たりのよい場所、あるいは半日陰の場所

ユリの栽培に適した環境を整えるには、原種の自生地の環境に合わせることです。しかし、園芸品種のもとになった原種は数多くあり、その自生地の環境は一律ではありません。主な園芸品種の原種と生育環境は前ページの表のとおりです。庭の中で、できるだけ栽培に適した場所を探して球根を植え込むようにします。

ロンギフローラム・ハイブリッドやアジアティック・ハイブリッドなどの園芸品種は、水はけと日当たりのよい場所で栽培します。

ユリの球根は、寒さには強くても乾燥と暑さには強くありません。原種の自生地は、日当たりがよくても地面は草などに覆われており、地下にある球根は乾燥と暑さから保護されています。栽培する場所の雑草は抜いても、そこには草花などを植えたり、地面の表面をマルチングしたりして、保護するとよいでしょう。

また、同じ日当たりでも西日は避けるようにします。植物にも1日の生活リズムがあり、夕方になっての日照は、光合成にはあまり役立ちません。ユリが斜面に生えていることが多いのは、傾斜地は西日を避けやすく、水はけと風通しがよいからだといわれています。

オリエンタル・ハイブリッドなどの園芸品種は、水はけのよい半日陰の場所で栽培します。落葉樹の下の木もれ日の当たる明るい日陰で、地面は草花などで覆われ、球根が保護される場所がよいでしょう。

こうした場所がなければ、ユリを栽培することができないというわけではありません。例えば、半日陰の適当な場所がなければ、寒冷紗などを張って日ざしを遮ったり、アサガオなどのつる性植物を栽培して日陰をつくったりする方法もあります。いずれにしろ、それぞれのユリの

球根の植えつけ（庭植え）

適期＝10月～11月中旬

球根の大きさによって、20～40㎝程度掘り起こす。1㎡当たり一握りほど苦土石灰をまいて酸度を調節しておく

1㎡当たりバケツ1杯ほどの腐葉土を入れて、よく混ぜる

1㎡当たり100gの緩効性化成肥料をばらまいて、混ぜる

デザインを考えながら、球根を置く。奥には背の高くなるものを

手前には小型のものを置いた

株と株の間に浸透移行性の殺虫剤をまいておく

土をかぶせる

平らにならし植えたところにラベルを立てておく

JBP-S. Maruyama

生育に適した環境を整えてやればよいわけです。

植え場所の準備　ユリの球根は、深植えを好みます。小・中型の球根では、深さ20～30cmぐらい、草丈が高くなるものや中・大型の球根では、30～40cmぐらい土を耕やします。ユリはpH5.5～6.5ぐらいの弱酸性の土壌を好むので、必要に応じて苦土石灰をばらまき、土とよく混ぜ酸度を調整しておきます。さらに、1㎡当たり、バケツ1杯の腐葉土と、100gの緩効性化成肥料を全面にばらまき、土とよく混ぜ合わせます。

植えつけ　ユリの球根は、一般的に、球根の高さの2～3倍の深さに植えます。間隔も球根の幅の2～3倍をとります。植え込んだあとは球根の位置がわかるように、割りばしやラベルなどを立てておきましょう。植えつけ後の水やりは不要です。

球根の植え替え　庭植えのユリの球根は毎年植え替える必要はありません。植えた年よりも翌年以降のほうが生育、開花ともよくなります。ユリの球根の下根は、数年は生育を続けます。植えたときに傷んでいても、2年目以降になると順調に伸び、生育、更新を繰り返していきます。さらに、下根だけでなく球根も肥大していきます。球根が大きくなると草丈、花数も増加します。

　しかし、ずっと植えっぱなしにしておくとやがて生育が悪くなってしまいます。これは土が劣化したり、肥料がアンバランスになったり、有害物質が蓄積したりすることなどによると考えられています。また球根が分球し、芽が多数立ってしまうこともあります。

　そこで植え替えをします。アジアティック・ハイブリッドでは3～4年に1回、オリエンタル・ハイブリッドでは5～6年に1回、植え替えを行ったほうがよいでしょう。

　10月になり葉が黄色くなり始めたら球根の掘り上げの時期です。

　球根を傷つけないように、株の周囲を30㎝ぐらいの大きさに、また、深さは30㎝以上掘ります。できるだけ深く掘って、球根や下根を傷つけないように注意します。茎を持って抜き取り、土を棒などでていねいに落とします。茎を球根の際で切り、上根も取ります。下根は枯れているものは取り除きます。茎についている木子は別に集めます。

　掘り上げた球根は、分球、消毒、陰干し後、できるだけ早く新しい場所に植えつけます。

分球　球根のなかには分球しているものもあります。芽が2～3個あるものがあります。球根が完全に分かれているもの以外は、そのまま植え替えてしまってよいでしょう。完全に分球しているものは手で割り取ります。
　アジアティック・ハイブリッドは比較的分球し

球根の掘り上げ

適期＝10～11月

掘り上げた球根。茎に木子もできている

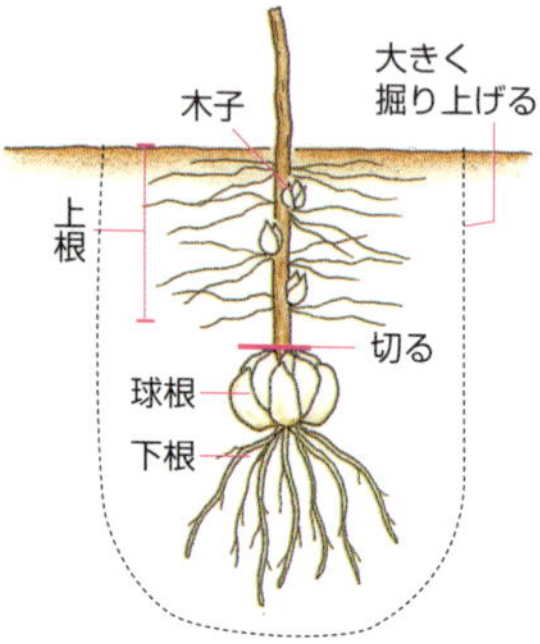

球根が完全に分かれているものは、手で割って分ける

やすく、オリエンタル・ハイブリッドは比較的分球しにくいものです。

　分球した球根を植えつけて株をふやします。この方法はだれでも確実に行うことのできるユリの繁殖法です。

球根の消毒　掘り上げた球根は、そのままでは球根腐敗病などの病気がついていることがあります。必ず消毒してから植えつけるようにします。球根を水で洗い日陰で水切りをしてから、チウラム・チオファネートメチル水和剤の200倍液に浸漬して消毒します。消毒後、球根を風通しのよい日陰で乾かしてから、早めに植えつけます。

　購入した球根は、原則として消毒してあるはずです。しかし不確かな場合は消毒したほうがよいでしょう。木子も消毒します。多くの品種などを一緒に消毒するときには、混ざってしま

球根の消毒

❶ 1000ccの水に5gのチウラム・チオファネートメチル水和剤を入れる

2 よく混ぜる

❸ きれいに洗った球根などを入れる

❹ 30分間つけておく。取り出し、日陰でしばらく乾かしてから植えつける

 JBP-K. Kawabe

うことがないように、品種ごとに分けてネットなどに球根とラベルを入れて消毒するとよいでしょう。

植え替えをしない株の管理　水やりは必要ありません。

地上部をそのままにしておくと、来春伸びる芽に病気が発生する原因になってしまうことがあります。茎を地際から切り取り、落ち葉などとともに処分します。球根のあった場所にラベルを立て、目印にします。さらに、株の周囲30～40㎝に緩効性化成肥料を1株に10gぐらいずつばらまき、土の表面を5㎝ぐらい耕して、土と混ぜておきます。

●鉢植えの管理・作業

植えつけ　11月中旬までが植えつけの適期です。

鉢は、大きめの深鉢を用います。小さめの鉢では上根が十分に張れず、球根が充実しません。したがって、翌年の花も期待できません。鉢の材質は、球根と根を熱から守るために、断熱効果のある素焼き鉢が最適ですが、プラスチック鉢などでもよいでしょう。

用土には水はけのよいものを使って植えつけます。例えば、中粒と小粒の赤玉土を半々に混ぜたもの6と腐葉土4の混合土などがよいでしょう。これに用土1ℓ当たり3～5gの緩効性化成肥料を混ぜたもので球根を植え込みます。

やや粘土質の重い土を好む
ロンギフローラム・ハイブリッド トランペット・ハイブリッド ヒメユリ オニユリ
有機質に富む やや軽い土を好む
オリエンタル・ハイブリッド ヤマユリ サクユリ カノコユリ ササユリ オトメユリ クルマユリ
砂質の水はけのよい土を好む
アジアティック・ハイブリッド スカシユリ イワトユリ エゾスカシユリ

球根の植えつけ（鉢植え）

適期＝10〜11月中旬

鉢は大きめで深いもの。素焼き鉢（右）かプラスチック鉢（左）

用土は中粒と小粒が半々の赤玉土6と腐葉土4をよく混ぜたもの

緩効性化成肥料を用土1ℓ当たり3〜5gほど加える

よく混ぜ合わせる

鉢底網を敷き、用土を入れる。上根が張れるように深く植える

1球植えるときは、鉢の中央に球根を置く

鉢縁から3〜4㎝下まで用土を入れる

ラベルに品種名と日付を書いて、立てる。植えつけ後たっぷり水をやる

 JBP-K. Kawabe

小型の球根は3球植えにする。小さめの鉢で栽培したほうが、咲いたときの見た目はよいが、翌年にまた咲かせるのは難しい

植えつけたら、ラベルに品種名と日付を書いて、立てておく

3球入れ、前ページと同じ要領で植えつける

10号ぐらいの大鉢に植えるときは、鉢底に軽石や発泡スチロールなどを入れ、水はけと軽量化をはかる

大きな鉢に植えたほうが、球根の充実にはよい

植えつけが終わったら、たっぷりと水やりをする

球根の植え替え（鉢植え）

適期＝10月

リーガル・リリーの鉢植え

鉢を抜いてみると、根がよく張っている

根をほどくと、よく生育した球根が出てきた

消毒したハサミで、茎と上根を切り外す

木子も6個ほどできていた

水はけのよい用土を底に入れ、消毒をすませた球根を置く。深植えにする

さらに、用土を入れる

寒さに向かう準備として、土の表面に腐葉土を敷き詰める

 JBP-S. Maruyama

オリエンタル・ハイブリッドはやや軽い土を好み、ロンギフローラム・ハイブリッドはやや重い土を好みます。アジアティック・ハイブリッドは川砂などを1割ぐらい加え、さらに水はけをよくするとよいでしょう。

ユリは、pH5.5〜6.5ぐらいの弱酸性の土壌を好みます。

８号鉢以上の大鉢では、水はけをよくするために鉢底に軽石や発泡スチロールのかけらなどを３cmぐらい入れます。さらに、用土を入れ、

●来年も咲かせよう

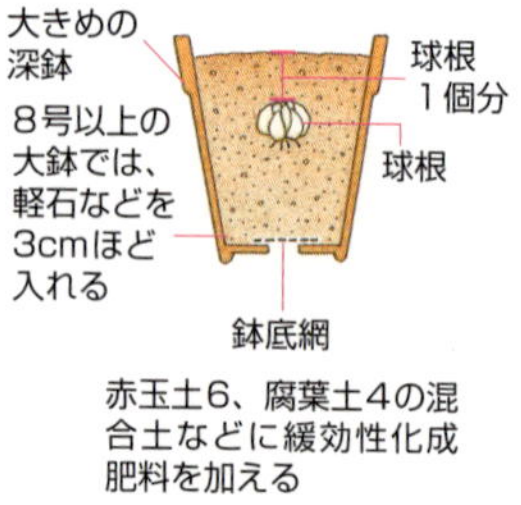

●今年を楽しもう

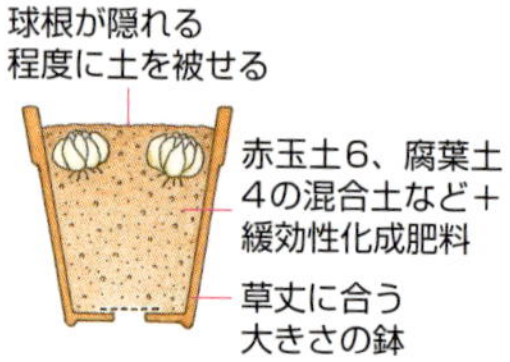

球根を置きます。下根がある場合は広げるようにします。球根の上に球根1個分の深さになるように土を入れ、上根の張る余地を確保します。

もし、来年のための球根を養成する予定がない場合には、小さめの鉢に３球ぐらい、芽をやや外向きに植えます。球根の上には球根が隠れる程度の土をかぶせ、浅植えにします。こうすると、上根が張らず草丈が抑えられます。

水やり　植え終わったら、たっぷりと水やりをします。その後も鉢土の表面が乾いたらたっぷりと水やりをします。鉢土の表面を腐葉土、水ゴケなどで覆い、乾燥を防ぐのもよいでしょう。

置き場　風通しと日当たりのよい場所に置きます。

庭があれば、風通しのよい、半日陰の場所に、鉢の縁まで埋め込んでおくと水やりの手間が省けます。そのまま春まで置きます。

植え替え　鉢植えでは根の張れるスペースが限られており、土も悪くなってしまいます。毎年この時期に植え替えを行います。

　鉢から株を抜き、土をていねいに落とします。古い茎は、球根の上端で切ります。必要なものは分球し、消毒して、新しい用土でできるだけ早く植え替えします。

球根の保管　ユリの球根は、チューリップや球根アイリスなどと異なり、球根の表面が皮で保護されていません。乾燥させたままでの長期間の貯蔵保管はできません。表面の鱗片が干からびてしまい、結果的に球根が小さくなってしまいます。できるだけ早く植えつけます。

　すぐに植えつけができない場合は、1週間ぐらいならポリ袋などに入れ、できるだけ温度の低い、暗い場所に置きます。1か月くらい貯蔵するときは、軽く湿らせたおがくず（手で握っても水は滴り落ちないが、手がひんやりと冷たく感じるくらい）、バーミキュライト、ピートモスなどの中に埋め、冷暗所で貯蔵します。

分球

JBP-K. Kawabe

掘り上げてみたら、完全に分球していた

茎の出ているところに指を入れ

手で2つに分ける

保管

JBP

長い時間保管するときは、おがくずに入れ、涼しいところに置く

11月

地上部が枯れてきます。花がら摘みをしなかったものでは、実を結び、種子ができています。すっかり熟すと割れて種子が飛び出します。薄い翼のついたユリの種子は風にのって遠くまで飛ぶことができます。

K. Hido

朔果が割れて種子が飛ぶ

11月のユリ

先月に引き続いて球根の植えつけ、植え替えが行えます。植え替えを行わない株は、地上部が枯れたら地際で切り取り、整理します。また、追肥を施します。

種子が熟しています。種子を採集し、まくのであれば、早めに行います。

●庭植えの管理・作業

水やり　必要ありません。

肥料　植えつけ、植え替えを行うときには元肥を施します。

植え替えを行わないときには、追肥を施します。株の周囲30～40cmぐらいに緩効性化成肥料を10gほどばらまき、土の表面に混ぜます。

マルチング　球根を植え込んである土の表面を稲わら、腐葉土などで覆います。冬の乾燥で土や球根が乾いてしまうのを防ぐとともに、霜柱が立つのを抑える効果があります。

球根の植えつけ　まだ行えます（82ページ参照）。ヤマユリ、サクユリ、カノコユリなどの球根は今月になって発売されることもあります。入手したら早めに植えつけましょう。

球根の植え替え　予定しているのに、まだ行っていない場合は、早めに行います（85ページ参照）。中旬までにはすませましょう。

球根の植え替えを行わない株の管理　植え替えを行わない株は、地上部が枯れてきたら地際から切り取り、落ち葉は病気予防のために集めて処分します。追肥を施し、株の上はマルチングするとよいでしょう。

●鉢植えの管理・作業

球根の植えつけ　今月も行えます（88ページ参照）。

球根の植え替え　鉢栽培では毎年必ず、植え替えを行います。できれば10月中に行いたい作業ですが、今月の中旬までなら行えます。

置き場　風通しと日当たりのよい場所に置きます。

水やり　鉢土の表面が乾いたら水やりをします。

肥料　必要ありません。

12月

ユリの球根は、寒さにあうことによって花を咲かせることができます。十分に寒さにあわせることが必要です。ただし、凍らせてしまわないように注意しましょう。

JBP

寒さから守るために土の表面に腐葉土を厚く敷いておく

12月のユリ

まだ園芸店で球根が売られていることがあります。植えつけは可能です。早めに入手して植えつけましょう。

●庭植えの管理・作業

水やり　太平洋岸では、この時期晴天が続き、空気も乾燥しています。乾燥が続くようなら、暖かい日の午前中に、ホースなどを使って1株にバケツ1杯ぐらい水をやります。

肥料　不要です。

マルチング　まだ行っていなければ、株を植えた周囲を稲わら、腐葉土などで早めに覆い、霜などの被害を予防します。

球根の植えつけ　まだ行えます（82ページ参照）。早めに植えましょう。植えつけ後、マルチングを行います。

球根の植え替え　すでに球根の下根が伸長しています。植え替えを行うには遅すぎます。来年まで待ちましょう。

●鉢植えの管理・作業

置き場　風通しと日当たりのよい場所に置きます。寒い時期だからといって暖房の効いた室内などに置いてはいけません。ユリの球根は、寒さにあうことによって休眠から覚め、生育を再開します。一定の寒さにあうことが必要なのです。大事にしすぎてはいけません。

また、寒さが厳しく鉢土が凍るようなことがあると、株も被害を受けてしまいます。凍らない程度の温度が保てる場所に置きます。

庭がある場合は、鉢を縁まで埋めておくと、凍結の防止と水やりの手間を省くことができます（48ページ参照）。また、二重鉢にすると凍結を防げます。球根を植え込んだ鉢を二回りほど大きな鉢に入れ、2つの鉢の間に土を詰めて、保温効果をもたせます。鉢土の表面は水ゴケや腐葉土などで覆っておきます（70ページ参照）。

水やり　鉢土の表面が乾いたら与えます。天気のよい暖かい日の午前中に行います。

肥料　植えつけ時の元肥以外は必要ありません。

球根の植えつけ　今月もまだ行えます。

球根の植え替え　行いません。球根の下根の活動がもう始まっています。植え替えは11月の中旬までに終わらせておきます。

利《と》島《しま》のサクユリ

サクユリは、伊豆七島に自生している日本特産のユリです。しかし、このユリも野生のものは多くの島で絶滅状態になっています。野生のものは、利島など限られた場所だけでしか見ることはできません。利島は、大島の南にある人口300人弱の小さな離島です。

島の中央に標高507ｍの宮塚山がそびえています。そして山の8割をツバキの木が覆っています。江戸時代から山の斜面を段々畑にし、ツバキを育て、実を集め、油を搾っていたのです。平地もなく、ほかにこれといった産業のない島では貴重な資源になっています。

この段々畑のツバキの林の縁にサクユリが生育しています。常緑樹のツバキの林の中では暗すぎてユリは生育することができず、林の縁の半日陰の場所に生育しています。サクユリの大きな花を咲かせた株が1列に並んでいるさまは、だれかが植えたとしか思えません（写真12ページ）。

現在、島では、このサクユリから選抜して種苗登録した‘シントシマ’を増殖、販売しています。このサクユリの鱗片からつくられた焼酎もみやげものとして売られています。

JBP-N. Kamibayashi

‘シントシマ’

JBP-S. Maruyama

焼酎さくゆり

ユリの繁殖

ユリをふやす方法には、「分球繁殖」「珠芽繁殖」「木子《きご》繁殖」「鱗片繁殖」「メリクロン培養」「種子繁殖」などがあります。

●分球繁殖

ユリの繁殖法としては、あまり効率はよくありませんが、だれでも確実にふやすことができる方法です。

ユリの球根は、条件のよい場所に植えれば、数年間は植えっぱなしにできます。順調に生育すると球根は次第に大きくなっていきます。さらに、芽の数がふえて球根がいくつかに「分球」してきます。この分球した球根を植え替え時に掘りとり、土をていねいに落とし、手で割ります。この球根を消毒して、別々に植えて株をふやします。

この方法では、一度に大量にふやすことはできません。また、親株がウイルス病などに侵されていると、分けた球根もウイルス病を受け継いでしまいます。

しかし、この方法でふやした株は翌年すぐに花を楽しむことができます。

●珠芽繁殖

茎の葉のつけ根にある腋芽が大きくなって、小さな球根のような「珠芽《しゅが》」ができます。「むかご」とも呼ばれます。珠芽はオニユリでよくつくられますが、普通は珠芽をつけない種類でも、高温多湿などの条件の悪い場所では珠芽を形成することもあります。

この珠芽を取り外して植えつけることによって、簡単に株をふやすことができます。

JBP-M. Fukuda

オニユリにできたむかご

この珠芽から育てて花を咲かせるような株になるには、一般に2〜3年かかります。また、ウイルス病に侵された親株から取り外した珠芽はウイルスに侵されています。

●木子繁殖

茎の地下部にも小球根が形成され「木子」と呼ばれます。これを植え替えなどのときに取り外し、別に植えることによって簡単に株をふやすことができます。

木子からふやす場合も、花を咲かせるような株になるには、一般に2〜3年かかります。この木子も親株のウイルス病などを引き継いでしまいます。

●鱗片繁殖

ユリの球根は、たくさんの鱗片が集まった鱗茎と呼ばれるものです。この鱗片を1枚ずつはがし、土にさすと小さな球根が形成されてきます。この小さな球根を外し、1つずつ植えておくと生長し、やがて一人前の球根になります。

花を咲かせるような球根になるには3～4年かかります。時間はややかかりますが、比較的簡単に親株と同じものを大量にふやすことができるので、営利的にも広く行われている繁殖方法です。鱗片ざしは9月が適期です。

健全な球根を選ぶ　親株がウイルスに汚染されていると、ふやした子株もウイルスを受け継いでしまうので、健全な球根を選びます。掘り上げ、茎を球根のすぐ上で切ります。下根は残します。ていねいに水で洗って、鱗片を外側から外していきます。一番外側の部分は、病気になっていたり、消耗したりしているので除きます。

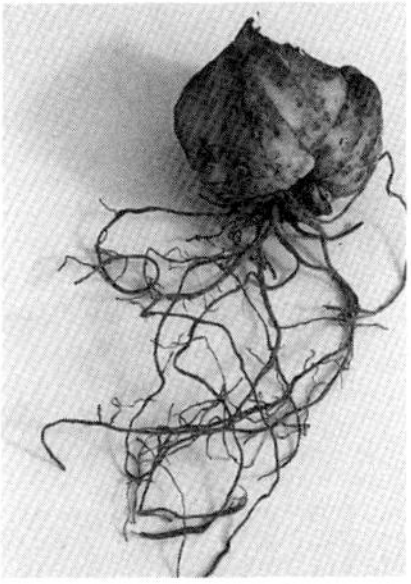

JBP-K. Kawabe

健全な球根を選ぶ

JBP-K. Kawabe

鱗片をばらばらに外す

内側の鱗片を15～30枚ぐらい外します。中心部の鱗片は、まだ充実していないので、これも使いません。この中心部は、消毒後に植え直して充実させます。

さし木用の用土に埋める　外した鱗片は、チウラム・チオファネートメチル水和剤200倍液に30分間ほどつけて消毒し、陰干しします。平鉢、播種箱などに小粒赤玉土、バーミキュライト、川砂など一般のさし木用の用土を入れてよく湿らせておきます。この用土に、鱗片の下根側の半分か⅔くらいが土の中に入るようにさします。オニユリなどの大型のものは、5～6㎝間隔で、オトメユリなどの小型のものは2～3㎝間隔でさします。さし床はシャワーキャップなどで覆って湿度を保ち、半日陰の場所で管理します。20℃ぐらいを確保し、用土の表面が乾いたら水やりをします。

JBP-K. Kawabe

バーミキュライトなどの用土に半分ほど埋め、密閉する

バーミキュライトなどの用土を湿らせ、鱗片とともにポリエチレンの袋などに入れて室内に置いておいてもよいでしょう。

早くて2か月後、小さな球根ができる　11月ごろになると鱗片に小さな球根ができ始めます。テッポウユリ、スカシユリなどは、ほどなく葉も出てきます。ヤマユリなどは春になってから芽が出てきます。

冬の寒さから守るために室内の日当たりのよい場所で管理します。10℃以上を確保するようにします。芽が出ているものは、2週間に1回、薄い液体肥料を施します。用土の表面が乾いたら水やりをします。

JBP

2か月ほどで小さな球根ができ、芽も出てくる

4月ごろになったら小球根を外し、別々に植えます。一般の鉢植えの用土と同じものを使い鉢植えにします。2～3㎝の深さに植えます。風通しのよい明るい日陰に置いて管理します。

開花株になるまでには2～3年かかります。アブラムシなどがつかないように浸透移行性の殺虫剤を月に1回株元にばらまいて防除します。

●メリクロン培養

ユリの球根のほとんどは、ウイルスに感染しているといわれています。分球、珠芽、木子、鱗片などのように、親株の一部をとってふやす栄養繁殖を行うと、ウイルスをそのまま引き継いでしまいます。

そこで生長点などの細胞をバイテク技術を使

ってふやすメリクロン培養が行われることがあります。この方法は、技術や施設などを必要としますが、ウイルスに汚染されている可能性の低い株を大量に得ることができますので、一部の企業などで行われています。

JBP-M. Fukuda

生長点を取り出し、バイテク技術でふやす

JBP-M. Fukuda

全く同じ性質の株を、大量につくることができる

●種子繁殖

一般の植物と同じように種子でふやす「種子繁殖」もあります。

ユリは咲いた花をそのままにしておくと種子ができてしまうことがあります。実が茶色く熟してくると割れ、中には薄い種子がたくさん詰まっています。このタネをまくと、やや時間はかかりますが、株を大量にふやすことができます。

園芸品種をこの種子繁殖でふやすと、必ずしも親と同じ花を咲かせるとは限りません。現在のユリの園芸品種は、複雑な交配によってつくり出されているからです。

しかし、種子繁殖では、交配をすることによって新しい品種をつくり出すことが可能になります。

また、植物の体の一部をとってふやす分球繁殖、珠芽繁殖、木子繁殖、鱗片繁殖などの栄養繁殖では、ウイルスの汚染が問題になりますが、種子繁殖した株は、ユリの大敵であるウイルス病を親株から受け継ぐことがありません。

　ユリのタネには、まくとすぐに発芽するものと、発芽まで長い時間を要するものがあります。ヤマユリ、ササユリなどでは、タネをまいてから発芽まで1年半もかかってしまいます。これらのタネは秋にまいても高温にならないと発芽しません。しかもそれは、地中での発芽で、小さな球根ができます。これを地下発芽といいます。そのあと一定の低温にあってから地上に出てきます。なんとも複雑な発芽法で、タネをまいてから発芽まで長時間を要することになります。発芽しても開花株になるまでに3～4年かかってしまいます。

　しかし、タカサゴユリや新テッポウユリなどでは、秋にタネをまくと2～3週間で発芽し、半年ちょっとで開花株になってしまいます。この新テッポウユリは、本来は球根植物ですが、一年草感覚で栽培できるので切り花として広く利用されています。

●タネまき

地上発芽型	速発芽	テッポウユリ、タカサゴユリ、新テッポウユリ、リーガル・リリー、イワトユリ、エゾスカシユリ、ヒメユリ、コオニユリなど
	遅発芽	マドンナ・リリー、キカノコユリ、クルマユリなど
地下発芽型	速発芽	ウケユリ、タモトユリ、カノコユリ、ハカタユリなど
	遅発芽	ササユリ、オトメユリ、ヤマユリ、サクユリ、チョウセンクルマユリ、マルタゴン・リリーなど

地上発芽型

結実したタネを秋にまくと、翌春本葉が出る

地下発芽型

タネまき後の夏の高温期を過ごしたあと地下で発芽、小球根をつくる。冬の寒さに当たって初めて地上に芽を出す

新テッポウユリのタネまき　タネを入手したら早めにまきます。

小粒赤玉土4、腐葉土4、川砂2などを混合した用土に、用土1ℓ当たり緩効性化成肥料を3g加えて浅鉢などに入れ、表面を平らにならします。タネが重ならないよう均一にまきます。タネが隠れるぐらい上に土をかぶせて、十分に水をやります。発芽まで乾かさないように、シャワーキャップなどで覆いをし、雨の当たらない明るい日陰に置きます。発芽適温は約20℃です。タカサゴユリは3週間ほどで発芽してきます。

発芽した苗は、明るい場所に置きます。最低温度15℃程度を確保してください。発芽がそろったら2週間に1回、液体肥料を水やり代わりに施し、また、苗が2〜3㎝間隔になるよう間引きます。

交配

新しい品種をつくるためには、交配をします。花が開花する2〜3日前に蕾を開いて、雄しべの葯をすべて取り除いてしまいます。この花が雌親になります。他の花の花粉がついてしまわないように紙袋などで覆っておきます。

花粉は交配しようとする株の花から前もって採取して、缶などに入れ、冷蔵庫で保管しておきます。この花粉は1年近く保管が可能です。

雌親の花が開いたら雌しべの先端の柱頭に、この花粉をつけてやります（交配）。受精すると子房がふくらみ、タネが生育してきます。実が褐色に熟し割れると、中には薄いタネがたくさん入っています。

ユリには多くの種類があります。そのなかには相互に簡単に交配できるものもあれば、交配できないものもあります。これを交雑親和性がよい、悪いといいます。

4月ごろになり霜の心配がなくなったら、花壇やポット、プランターなどに移植すると、7月から9月ごろ花を咲かせます。タネでふやしたものは開花期は一定しません。何株か植えておけば、長く花を楽しむことのできる可能性があります。

JBP-S. Maruyama

JBP-S. Maruyama

H. Hido

（上右）新テッポウユリのタネ
（上左）はがきなどにタネをのせ、均一にまく
（左）3週間ほどで芽が出てくる

ユリのおばけ

1本のユリに100輪もの花が咲いたというような記事が新聞などに載ることがあります。これはユリの帯化（石化）現象と呼ばれるものです。

茎が偏平になり、花が数多く咲く異常現象です。他の植物では、例えばケイトウ、石化ヤナギなどに見られます。原因ははっきりしていませんが、ユリの場合は、病気ではなく、栄養過剰などによるものと考えられています。栽培していた株が帯化したとしても翌年もまた帯化するとは限りません。また元の正常な株に戻ってしまうこともあります。ヤマユリ、テッポウユリなどに見られることが多いようですが、野生状態のものには見られません。

JBP-N. Kamibayashi

‘ルレーブ’の石化株

欧米のユリの歴史

ヘラクレスとユリ　ギリシャ神話には花にまつわる物語がいくつもあります。

　ゼウスはアルクメネとの浮気でヘラクレスをもうけました。この子を不死のものとしたいと思いましたが、そのためには嫉妬深い妻ヘラの乳を飲ませなくてはなりません。そこで妻ヘラに眠り薬を飲ませ、眠り込んだヘラの胸にヘラクレスを抱かせました。幼いヘラクレスはヘラの乳を飲み、不死身となったのです。このときヘラクレスの吸う力があまりにも強かったので、ヘラは夢うつつのまま払いのけてしまいました。その瞬間、乳がほとばしり、地に落ちたところから白いユリが生まれたといいます。

マドンナ・リリー　さて、ユリは、栽培の歴史がヨーロッパで最も古い植物の一つだといわれています。なかでもマドンナ・リリーは、パレスチナが原産地とされる純白で美しいユリで、古くから栽培されていたようです。すでにローマ時代には、ウオノメの薬として栽培され、ローマ軍の進駐とともにその分布域を広げていったといわれています。ギリシ

JBP-M.Tsutsui

マドンナ・リリー

ャのクレタ島にある紀元前１５００年ごろの壁画に、このマドンナ・リリーと思われるものが描かれているそうです。

聖書にはいろいろなところに「ユリ」が登場します。しかし、そのすべてが本来のユリを指しているわけではないようです。この表現にはユリ以外の多くの植物が含まれているらしく、アネモネ、ヒアシンス、アヤメなどを指していることもあるようです。

ユリと聖母マリア　キリスト教の伝説に、聖母マリアが昇天したときに、葬儀の3日後に墓を訪れると中が空になっており、ユリとバラだけが残っていたというものがあります。この伝説から聖母マリアの象徴としてユリが扱われるようになったといわれています。

中世には、多くの画家が「受胎告知」の絵を描いています。これらの絵には純白のマドンナ・リリーが聖母マリアの純潔の象徴として登場します。大天使ガブリエルがユリの花を供物として持つ構図で描かれています。さらにはマリアの処女性を強調するために、ユリの雄しべを除いた形のものもあります。

このように聖母マリアの象徴となったマドンナ・リリーは、キリスト教の儀式などで聖花として使われるようになったのです。また「復活」の象徴としてイースター（復活祭）にも欠くことのできない花になっています。

ヨーロッパには、いくつかのユリが自生していますが、純白の花を咲かせるこのマドンナ・リリーがその代表的なものになっています。キリスト教の儀式とも結びつき、多くの人々に大切にされてきたのです。

しかし、栽培にはやや難しい点がありました。

テッポウユリの導入　このマドンナ・リリーに

（W.H.フィッチ画）（個人蔵）から

似て純白で細長い筒形の花を咲かせる、日本のテッポウユリがヨーロッパのユリの世界を大きく変えることになります。

　テッポウユリをヨーロッパに最初に紹介したのは１６８２年に来日したドイツ人マイスターでした。１６９２年にSchroguri（シロユリ）として記載したといわれています。その後、ドイツ人のシーボルトが１８２９年、帰国の際に球根を持ち帰っていますが、このときは開花はしなかったようです。再度送られてきた球根が、１８４０年、ヨーロッパで初めて開花したといいます。このテッポウユリの花は、ヨーロッパの人々を驚かせ、喜ばせました。

　日本から多くの球根が輸出されました。栽培がやさしかったことも手伝って、この純白の花テッポウユリはマドンナ・リリーの地位に取って代わることになりました。じつはマドンナ・リリーという名前もこうした事実があってからのもので、以前は単にホワイト・リリーと呼ばれていたということです。

JBP-M.Tsutsui

テッポウユリ

美しい日本のユリ　カノコユリも同じく１６９２年にマイスターによって初めてヨーロッパに紹介されました。その後シーボルトが持ち帰った球根が１８３２年に開花し、その華麗な姿が

P.107「マドンナ・リリー」、P.109の「テッポウユリ」の絵はH.J.エルウィス『ユリ属の研究』

人々を驚かせました。ヤマユリは、１８２９年にシーボルトが球根を持ち帰りましたが、このときは開花しませんでした。ベイチェが１８６１年にイギリスに球根を送り、開花したのが最初です。

ヨーロッパのユリにはない豪華で美しい日本のユリは、人々に驚きと喜びをもって迎え入れられたのです。

その後、さまざまな交配が行われ、第二次世界大戦後になると多くの園芸品種が発表されています。ニュージーランド、アメリカ、オランダなどで新品種の育成が盛んに行われています。

人気の園芸品種‘カサブランカ’は、ニュージーランドで庭植え用の品種として育成されたものが、オランダから切り花用として売り出されました。日本にも輸入され、この花を初めて見たとき、私たちはその白さと大きさにびっくりしました。さらに、このユリの交配親がすべて日本のユリだったということを知り、再度驚かされたものです。

新しい技術を使った開発　現在は、従来の交配による雑種の作出だけでなく、バイオテクノロジーを駆使した、本来タネのできない組み合わせの交配も行われています。

テッポウユリを中心としたロンギフローラム・ハイブリッドとアジアティック・ハイブリッドの交配によってつくられたＬＡハイブリッドの品種は、花の姿はアジアティック・ハイブリッドのようですが、テッポウユリのように花弁が厚く花もちのよいものになっています。ロンギフローラム・ハイブリッドとオリエンタル・ハイブリッドの交配によるＬＯハイブリッドの交配も進んでいます。

ERICH LESSING／PPS

サンドロ・ボッティチェリ「受胎告知」(1489−90) フィレンツェ ウフィツィ美術館蔵

日本のユリの歴史

『古事記』『万葉集』に現れたユリ　日本には、たくさんの種類の美しいユリが自生しています。個体数も多く人々にとっては非常に身近な存在であったと思われます。

『古事記』（712年）には「山由理草」の記述が見られますが、この山由理草が現在のどのユリを指しているのか議論のあるところです。ヤマユリかササユリを指しているものと考えられていますが、神武天皇のロマンス（66ページ参照）にまつわる記述の中の山由理草は、奈良県三輪山という場所などから類推すると、ササユリと考えるのが妥当でしょう。

『万葉集』には4536首の歌が載っています。このうち約600首が植物を詠んだもので、さらに10首がユリを詠んだものといわれます。

ユリを詠んだ歌には、次のようなものがあります。

道の辺の　草深百合の　花咲《えみ》に
咲《え》みしがからに　妻といふべしや

ここに詠まれているユリは、ヤマユリかササユリのいずれであるかははっきりとしません。

筑波嶺《つくばね》の　さ百合《ゆる》の花の　夜床《ゆどこ》にも
愛《かな》しけ妹ぞ　昼も愛しけ

こちらは筑波山という場所からヤマユリと考えるのが妥当でしょう。

このほかにヒメユリを詠んだ歌があります。

夏の野の　繁みに咲ける　姫百合の
知らえぬ恋は　苦しきものぞ

能衣装に描かれたユリ　能楽は中世に発展した芸能です。能の衣装は植物をデザイン化した模様の多いことで知られています。

元玉川大学教授の田中宏氏は、室町時代末期から江戸時代後期までの能衣装2733点を調査しました。その76％に何らかの植物文様が認められたといいます。そしてその文様のデザインの多くはかなり具体的で、実在の植物をモチーフにしたと思われるものは延べ4345点にのぼりました。どの植物か同定できたものは、106種、4298点で、99％以上がどの植物かわかるといいます。多いものではキク421点、サクラ270点、ボタン211点などです。さてユリはというと、８点と意外に少ないものでした。「唐織」「縫箔」などの能衣装は、非常に豪華なもので、文様は織りや刺繍で入れられており、筆で描かれたものではありません。しかし、その文様は豪華さだけを追い求めたものではありません。例えば、タンポポ、カラスノエンドウなどの野草をデザイン化したものも見られます。ユリは、制作する職人のデザイン意欲をそそらなかったのでしょうか。当時の人々にとってユリは、あまりに身近なものであり、単なる雑草の一つにすぎなかったようです。ユリだけに特別な関心がなかったということではないようです。

重要な輸出品になったユリの球根　17世紀、ヨーロッパでは植物学の進展とともに多くの植物を集めて利用しようとするプラントハンターの活躍が始まります。当時、鎖国をしていた日本には、東インド会社から派遣されたドイツ人医師エンゲルベルト・ケンペル（１６５１〜１７

１６）やスウェーデン人の医師であり植物学者のカール・ペーター・ツュンベリー（１７４３～１８２６）、そしてドイツ人の医師であり博物学者でもあったフィリップ・フランツ・バルタザール・フォン・シーボルト（１７９６～１８６６）らが来日しました。彼らは西洋医学などの知識を伝達する一方で、各地から植物を採集しました。そして多くの日本の植物の情報をヨーロッパにもたらしました。ケンペルは、その著作物でカノコユリやオニユリなどのユリ７種を紹介しています。シーボルトは、カノコユリやスカシユリの球根をヨーロッパに持ち帰りました。このようにして紹介された日本のユリがヨーロッパの人々に注目されることになったのです。

　明治になり、球根の輸出が始まるとまもなく、日本にとって重要な輸出品目の一つになりまし

『百合鑑　四十弐種』（年代不詳）（個人蔵）から

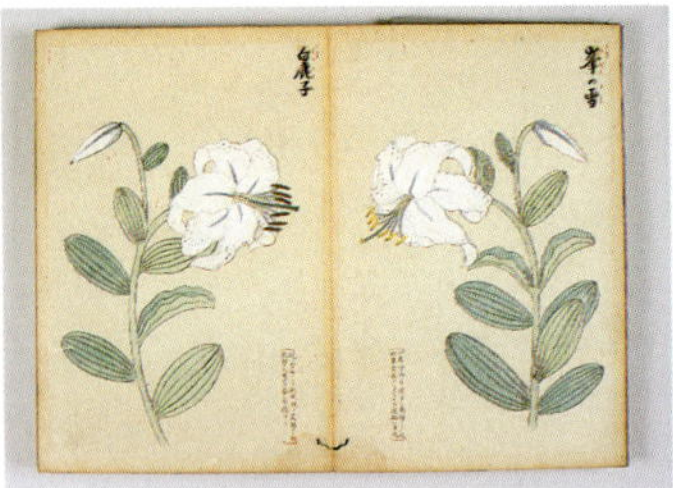

カノコユリ‘白鹿子’と‘峰の雪’

オニユリ‘山姫’と‘八重天蓋’

ヤマユリ‘白黄’と‘紅筋’

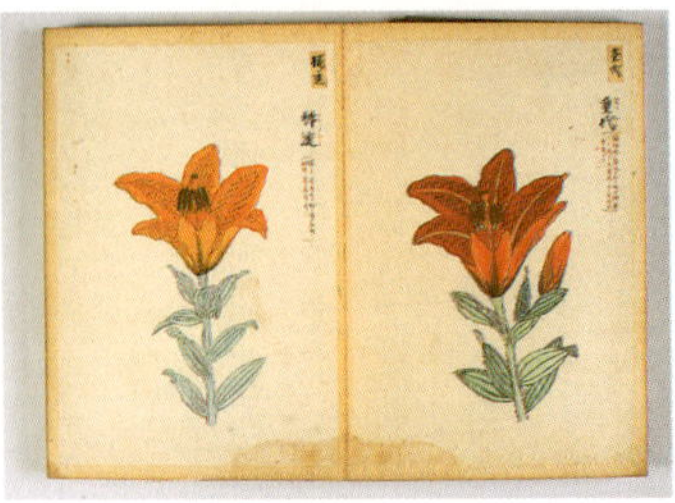

スカシユリ‘樺透’と‘重代’

た。表にあるように、急激にその輸出額が伸びていきました。輸出商社も設立され、日本のユリの花をカラーで紹介したカタログもつくられています。

園芸品種の栽培　日本では美しい野生のユリが愛でられてきましたが、一方で、古くから選抜された多くの園芸品種も栽培されていました。江戸染井（東京・豊島区駒込）の植木屋、伊藤伊兵衛の著した一種のカタログともいえる『花壇地錦抄』（1695年）には「百合草のるひ」として「夏すかし」以下37種が紹介されています。

例えばスカシユリと呼ばれる園芸品種は、江戸時代初期からエゾスカシユリとイワトユリの交雑によって作出されたものと考えられています。多くの品種がありますが、明治時代になると欧米にも紹介され、輸出もされています。

戦後には、北海道の藤島昇吉氏、新潟の滝沢久寛氏、新潟園芸試験場などによって数多くの優秀な園芸品種が作出されています。

テッポウユリは、ヨーロッパに紹介されると

●輸出額

明治20(1887)年	13,765円	(100%)
25(1892)年	33,468円	(243%)
30(1897)年	149,905円	(1089%)
35(1902)年	238,897円	(1736%)
40(1907)年	569,398円	(4137%)

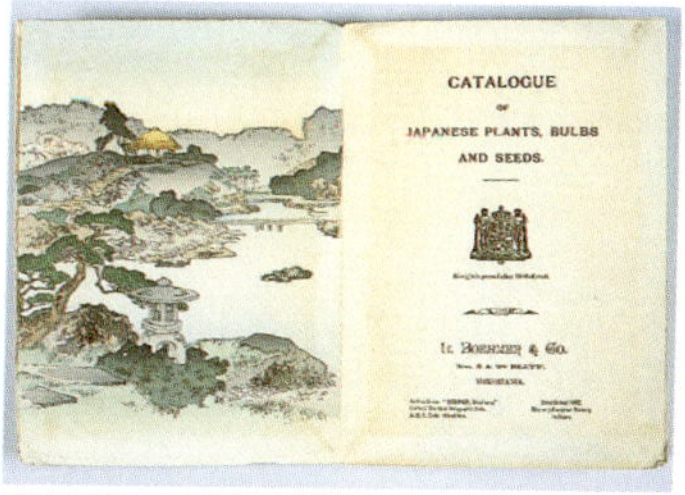

輸出商社の日本の植物図録（明治時代）

ユリだけを扱った図録

一躍人気を呼び、多くの球根が輸出されるようになりましたが、当初、球根は山採りでした。その後、選抜されたものが増殖、栽培されるようになりました。〝黒軸鉄砲〟〝青軸鉄砲〟〝ジョージア〟〝ひのもと〟などの品種です。また明治の初めに、青軸から葉に斑の入った〝長太郎〟が選抜されています。東京・巣鴨の花戸内山長太郎氏にちなむ名前だといわれています。１９２８年ごろから長野県の西村進氏が、タカサゴユリにテッポウユリを交配した、種子をまいてから1年以内に純白のテッポウユリに似た花を咲かせる〝新テッポウユリ〟を作出しています。

ヤマユリには地域によって多くの変異があります。江戸時代から〝口紅〟〝紅筋〟〝白黄〟などの多くの品種が記録されています。

カノコユリには、赤花だけでなく、白花もあります。〝峰の雪〟という品種もあります。１９５６年に神奈川県横浜市の内田昌男氏が選抜し、登録した〝うちだかのこ〟という優秀な品種があります。

これからの園芸品種　大輪で美しいヤマユリやサクユリですが、ウイルス病に弱く、やや栽培しにくいという欠点があります。一方、カノコユリは、病気に強く、栽培しやすいユリです。この両者をかけ合わせて丈夫で栽培しやすく、美しい園芸品種がつくられています。しかし、この両者の交配では種子ができにくいので、バイテク技術を利用した胚培養を行うことになります。１９６５年に農林省園芸試験場の阿部定夫、川田穣一の両氏は、カノコユリにサクユリを交配し、胚培養して得られたF_1種にサクユリを戻し交配して得られたものを「パシフィック・ハイブリッド」として発表しています。これと同

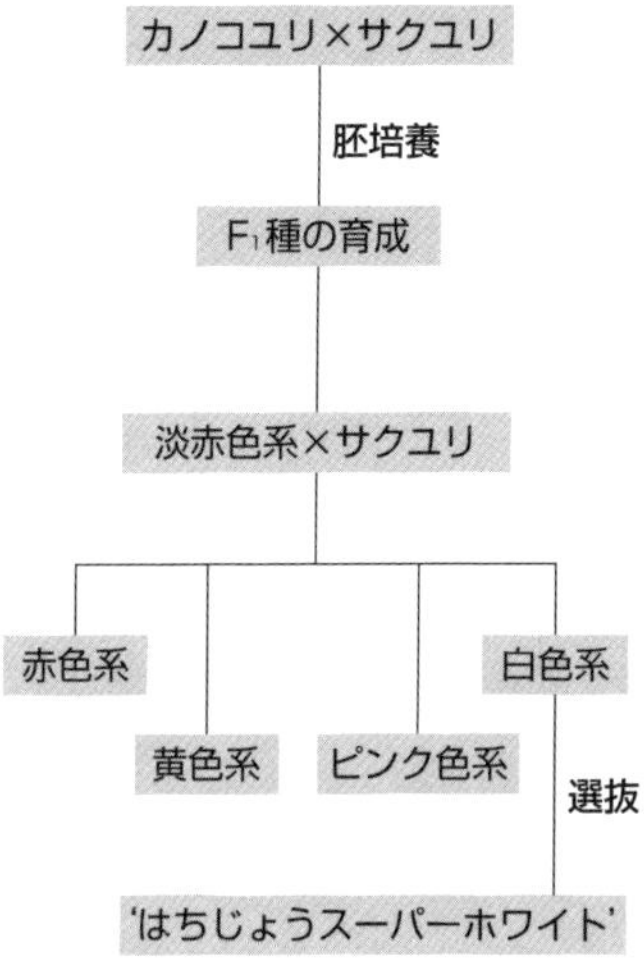

'はちじょうスーパーホワイト'

じ組み合わせで、東京都農業試験場八丈島園芸技術センターで'はちじょうスーパーホワイト'という純白で香りのよい大輪のユリを種苗登録しています。花形は'カサブランカ'に似ていますが、一回り大型です。しかし、少し大きすぎたのと生産性が悪いため、残念ながら普及していません。育種の難しいところです。

現在では多くの技術が開発され、普通の交配では種子のできないものでも雑種ができるようになっています。今後さらにいろいろな園芸品種が作出されることでしょう。例えば、日本原産のユリでつくられ、ジャパニーズ・ハイブリッドとも呼ばれるべきオリエンタル・ハイブリッドに黄色の花を咲かせることなどです。さらに花の色や形だけでなく、栽培のしやすさや栽培技術の開発によって、ユリ栽培はより多様性をもったものになるでしょう。

病害虫とその防除

病害虫の発生は栽培環境に左右されることが多く、条件がよければ、あまり心配する必要はありません。ユリは高温多湿な環境を好みませんから、夏は風通しのよい、半日陰ぐらいの環境を整えるようにします。病気は発病してしまったものを防除するより、予防が第一です。また、害虫は発生初期なら比較的簡単に防除できます。いずれにしろ先手必勝です。

●病気

ウイルス病　ウイルス病はユリにとって、最もやっかいな病気です。ウイルスは非常に微細な粒子体で、電子顕微鏡でなければ見ることはできません。自分だけでは生きることはできず、宿主細胞に感染して、寄生します。ウイルスが寄生すると宿主細胞に異常が生じます。植物にウイルスが寄生すると葉や花にモザイク病が生じたり、生育不良になったりします。

ユリの球根の多くはウイルスによって汚染されているといわれます。また、複数のウイルスが寄生するともいわれます。それらが相乗的に被害をもたらすので、症状もさまざまです。主な症状には次のようなものがあります。

・**モザイク病**　葉や花が変形したり、濃淡のある斑が入ったり、生育が悪くなったりします。

・**急性落葉病**　葉色が悪くなり、急激に葉が落ちてしまいます。茎だけになってしまうことか

S. Yoneyama

ウイルス病

S. Yoneyama

疫病

S. Yoneyama

葉枯病

S. Yoneyama

斑葉病

H. Nemoto

ワタアブラムシ

H. Nemoto

ロビンネダニ

JBP-K. Kawabe

コガネムシの幼虫

ら、俗に「ステッキ病」とも呼ばれます。

・**萎黄病**　葉や茎が黄化し、茎の伸長が止まり、株全体が萎縮してしまいます。

・**腫葉病**　葉や花に水浸状のしみができ、花も奇形になってしまいます。

ウイルス病は、治療することができません。健全な球根を入手、栽培するとともに、ウイルスを媒介するアブラムシなどの吸汁性害虫を防除することが大切です。ユリの芽が伸び始めたら、株の周囲に浸透移行性の殺虫剤、アセフェート粒剤などを月に1回ばらまいておきます。また、アブラムシなどがついていたら、早めにエトフェンプロックス乳剤などを散布して防除します。

さらにウイルスは汁液伝染もします。病気の株を手入れしたハサミなどで引き続き健全な株の手入れをしてしまうと、汚染された汁液がつき、ウイルスが伝染してしまいます。ハサミなどは作業のたびごとに消毒するようにします。

感染している株でも、生育環境を整え、発症させないようにすることが必要です。

また、植え替えをするときには必ず新しい場所に植えるようにします。

疫病　葉や茎に水浸状の灰褐色の小斑点ができ、やがて軟化、腐敗してしまいます。水はけの悪い場所に植えると発生が多くなります。

連作を避け、球根は水はけのよい場所に植えます。

葉枯病　葉に赤褐色の病斑、花弁にも斑点が生じます。ひどくなると葉や花が枯れてしまいます。梅雨どきなど湿度の高いときに発生がふえます。風通しのよい場所で栽培します。発生したら早めにチオファネートメチル水和剤1500倍液などを散布します。

斑葉病　葉に褐色の楕円形の病斑が生じ、ひどくなると枯れます。

青かび病　球根に黄褐色の斑点が生じ、ひどくなると腐敗し、青色のカビを生じます。健全な球根を使用します。

●害虫

アブラムシ　芽や葉につき、汁液を吸います。生育が悪くなるだけでなく、ウイルス病を媒介します。株元にアセフェート粒剤などをばらまいたり、エトフェンプロックス乳剤を散布して防除します。

コウモリガ　茎の中に幼虫が食い入り、食害します。茎に虫のふんでつくられた粉状のものがついています。粉状のものを取り除き、針金などで幼虫を突き殺します。

ネダニ　球根が茶褐色に腐り、白い小さなダニ（体長約0.3㎜）が多数見られます。

コガネムシ類　地中にいるドウガネブイブイなどのコガネムシの幼虫が根を食害します。成虫も花弁などを食害します。土を軽く掘り、幼虫を見つけて捕殺します。

ナメクジ類　花や葉を食害します。這った跡が光っています。夜行性なので、昼間は、鉢や石の下などに隠れています。捕殺します。

Q&A

Q ユリを寄せ植えに使いたいのですが、どんな植物と合わせたらよいでしょうか?

A ユリなどの球根植物は、一般に細かい根がなく、生育中に植え替えを行うと根を傷めてしまいます。したがって寄せ植えに使う植物としては適当なものとはいえません。

それでも寄せ植えにするなら、秋に大きめのコンテナにユリの球根を深めに植え込み、上に長期間観賞でき、根があまり張らない植物を植え込むとよいでしょう。ユリはほかの球根と異なり、上根を伸ばします。ユリの生育中に安易に土を掘り、他の植物を植えようとすると、この上根を傷めてしまいます。パンジーや常緑のフィカス・プミラ、アイビーのような、一度植えると長く楽しめるものを選びましょう。

また、ユリの1つの花の観賞期間はそれほど長いものではないので、寄せ植えより、むしろ寄せ鉢をおすすめします。ユリのほか、好きな植物の鉢植えを集めて見栄えよく飾ります。コンテナにいくつかの鉢を入れ、表面をバークチップなどで覆っておけば、大きな寄せ植えのようにも見えます。これなら自由にいろいろな花を組み合わせて楽しむことができます。

K.Hido
寄せ鉢で楽しむ

Q 庭にユリの花がたくさん咲いたので、切り花にしようと思います。ユリを切り花にするときの注意点を教えてください。

A 開花したユリの花は、大きく、また、花粉で花弁が汚れてしまうこともあり、輸送するのが困難です。そこでユリを栽培する農家では、まだ蕾の状態のときに切って、出荷しています。花屋さんでユリを購入しても花が咲いていないということがよくあります。

JBP-K.Kawabe

たくさん咲いたユリは、切り花に

ご自分で切るのであれば、好みの状態で切り花にすることができます。ただし、翌年また花を咲かせるためには、葉をできるだけ切らず、残しておいてやらなければなりません。長く切ってしまうと、炭酸同化作用を行う葉が少なくなって、十分に球根を肥大させることができなくなってしまいます。丈の半分ぐらいは残しておきたいものです。短めの切り花で我慢してください。

K.Hido

ユリ栽培農家では蕾の状態で収穫する

水の中で茎を切る水切りをすれば、よく水があがります。下のほうについている葉は取り、花びんの水に葉が入らないようにします。毎日水を替え、水切りをし、涼しい場所に飾れば、長く花を楽しむことができます。水に切り花保存剤を入れればさらによいでしょう。

好みもありますが、雄しべの葯を取り除くと花弁や周囲を汚さないですみます。また、花粉が雌しべの先端につき、受精してしまうと花としての役割が終わり、花が早く終わってしまうといわれます。切り花としては雄しべの葯は早めに取ってしまったほうがよいでしょう。

Q 鉢植えのユリを秋に植え替えずにそのままにしておいたら、鉢の縁から芽が出てきてしまいました。球根は真ん中に植え、昨年は、鉢の中央から芽が出ていたのですが……。

A まず、鉢植えのユリは、必ず秋に植え替えをしてください。植えっぱなしでは鉢土が劣化してしまい、順調な生育をすることができなくなってしまいます。

また、植えっぱなしにしておくと、もともと球根を植えた位置とずれた場所から芽が出てくることがあります。自然界でもコオニユリなどでよく見られる現象です。

これには、球根から離れた場所から芽を出すことによって鳥獣などの食害から球根を守っているという説と、下根や木子の生育のために新しい土を求めて横に伸びていくという説があります。おそらく狭い鉢の中で少しでもよい土を求めて、鉢の縁まで茎が伸びていったのではないでしょうか。鉢植えでは毎年必ず植え替えを行ってください。

JBP

プランターの縁から並んで出芽

肥料と薬剤について

肥料、薬剤の使用にあたっては、取り扱い説明書をよく読み、定められた使用法、使用量などを守って処理してください。

●肥料　肥料は生育に応じて施す。

元肥　まず、植えつけ時に元肥を施す。庭植えの場合は、土を耕すときに、緩効性の化成肥料を混ぜ込む。鉢植えの場合は、用土に緩効性の化成肥料を混ぜ込んで植えつける。

追肥1　地上に芽が伸び出したときから、球根を肥大させ、よい花が咲くように、追肥を施す。錠剤タイプの緩効性の化成肥料を3か月に1回、または、顆粒状の緩効性化成肥料を月に1回の割合で施す。鉢植えの場合は、速効性の液体肥料を2週間に1回ぐらいの割合で、水やり代わりに施してもよい。

追肥2　さらに、花後の球根の充実期にも同じ要領で追肥を施す。この施肥によって、来年も花を咲かせるための球根の充実をはかる。

なお、庭植えの球根で秋に植え替えない年には、元肥の代わりになる追肥を施しておく。

		例・商品名	成分（チッ素-リン酸-カリ）
元肥	緩効性化成肥料	マグァンプK中粒 ガーデニングエードボール	6 - 40 - 6 11 - 19 - 8
追肥	液体肥料	ハイポネックス原液 花工場原液	6 - 10 - 5 5 - 10 - 5
	緩効性化成肥料	プロミック錠剤 マグァンプK小粒	8 - 12 - 10 6 - 40 - 6

●薬剤

害虫や病気には、発生してから対策を考えるのではなく、発生しにくい環境をつくることが大切。一般的に、日当たり、風通しをよくしてやることが、病害虫対策の第一歩といえる。また、薬剤の使用量をできるだけ少なくするためにも、早い時期に防除することがポイントになる。日ごろからよく観察して、早期発見、早期防除を心がけたい。

	一般名	商品名
殺虫剤	アセフェート粒剤 エトフェンプロックス乳剤	（例）　ジェネレート粒剤 トレボン乳剤
殺菌剤	TPN水和剤 チウラム・チオファネートメチル水和剤 チオファネートメチル水和剤	（例）　ダコニール1000 ホーマイ水和剤 トップジンM水和剤

おいしい！　ゆり根料理

料理・川崎市「寿司甚六」

下ごしらえ　鱗片を1枚ずつていねいに外す。おがくずをきれいに洗い落とし、汚れているところも除いて、ざるにあげ水を切る。

茶わん蒸し（2人前）

材料　具＝ゆり根の鱗片4～6片、ほかに2～4種（さっと塩ゆでしたエビ、甘辛く煮た干しシイタケ、切りミツバ、かまぼこなど、お好みで）
卵　2個
だし　1カップ（昆布とかつお節でとり、塩、しょうゆで吸い物よりやや濃いめに味つけしておく）

つくり方

❶ゆり根は熱湯に入れ、1分ほどゆでておく。
❷卵を溶き、だしと合わせてよく混ぜる。卵のアク（表面に浮いている泡）をすくってきれいに取り除く。
❸器に具を入れ、上から静かに❷の卵液を注ぐ。
❹蒸気の上がっている蒸し器に入れる。乾いたふきんをはさんでふたをずらしてのせ、最初の5分は中火で、その後弱火にして、さらに7～10分ほど蒸す。くしをさして、濁った汁が出てこなければ蒸し上がっている。

市販されている「ゆり根」はコオニユリの球根

かき揚げ（2人前）

材料　揚げる材料＝ざく切りにしたゆり根、小柱（アオヤギの柱）、3cmほどの長さに切った切りミツバ、戻した干しシイタケのせん切り、タマネギのスライス。以上をそれぞれ30gぐらいずつ
卵　1個
小麦粉と揚げ油　各適宜

つくり方
❶ボウルに揚げる材料を入れ、混ぜ合わせる。小麦粉をふり、まんべんなくつけておく。
❷カップに卵を割り入れ、カップ1になるまで冷たい水を加えて別のボウルに移し、混ぜる。小麦粉大さじ2杯を加えて、ざっくりと混ぜる。（こねない！）
❸❶に❷の衣を加え、薄くつける。
❹180℃の油でカリッと揚げる。

だしまき卵（1本）

材料　だし　½カップ（塩としょうゆで吸い物と同じ濃さの味つけをしておく）
卵　6個
ゆり根　50ｇぐらい
調味料（砂糖大さじ1、市販のそばつゆ小さじ½）

つくり方
❶だしに調味料を加え、卵を割り入れて、軽く混ぜ（混ぜすぎないこと）、卵液をつくる。
❷ゆり根は柔らかくなるまでゆで、裏ごししておく（包丁でたたきつぶしてもよい）。
❸❷をしんに入れ、普通のだしまき卵と同様に焼き上げる。

 JBP-M. Fukuda

肥土邦彦（ひど・くにひこ）

1947年、埼玉県生まれ。東京農工大学農学部卒業。東京都農業試験場栽培部、同江戸川分場、同八丈島園芸技術センター、園芸専門学校教授、東京農業大学短期大学部助教授などを歴任。テレビや講演、園芸教室などで幅広く活躍している。専門は、ユリのほかプリムラや花壇苗ものなど。

表紙・カバーデザイン
湯浅レイ子（ar inc.）
本文レイアウト
ar inc.
イラスト
江口あけみ
撮影・写真提供
肥土邦彦／根本　久／米山伸吾
川部紘太郎／高山博好／筒井雅之
上林徳寛／福田　稔（f64写真事務所）
徳江彰彦／丸山　滋
アルスフォト企画
ネイチャー・プロダクション
サカタのタネ／タキイ種苗
撮影協力
岩佐吉純／新井農園／松沢園芸
可睡ゆり園／札幌市百合が原公園
とっとり花回廊／貫井農園
花の大和／北海三共
校正
安藤幹江

NHK趣味の園芸
よくわかる栽培12か月
ユリ

2002年6月15日　第1刷発行
2022年6月5日　第16刷発行

著　者　肥土邦彦

発行者　土井成紀
発行所　NHK出版
〒150-8081　東京都渋谷区宇田川町41-1
TEL　0570-009-321（問い合わせ）
0570-000-321（注文）
ホームページ　https://www.nhk-book.co.jp
振替　00110-1-49701
印　刷　凸版印刷
製　本　凸版印刷

ISBN978-4-14-040188-0 C2361
Printed in Japan

美しい野生のユリ、日本のユリから生まれた園芸品種は世界中で人気です。
日なたに植える？　日陰に植える？　自生地から学びます。
大きな花を咲かせるユリは夏の庭をダイナミックに装います。